文化视角下对外汉语教学研究

陈 鹤 王郑倩楠 闫哲浩 ◎ 著

中国商务出版社
·北京·

图书在版编目（CIP）数据

文化视角下对外汉语教学研究 / 陈鹤，王郑倩楠，闫哲浩著. -- 北京：中国商务出版社，2023.9
ISBN 978-7-5103-4858-7

Ⅰ．①文… Ⅱ．①陈… ②王… ③闫… Ⅲ．①对外汉语教学－教学研究 Ⅳ．①H195

中国国家版本馆 CIP 数据核字(2023)第 189477 号

文化视角下对外汉语教学研究
WENHUA SHIJIAOXIA DUIWAI HANYU JIAOXUE YANJIU

陈鹤　王郑倩楠　闫哲浩　著

出　　版：	中国商务出版社		
地　　址：	北京市东城区安外东后巷28号	邮　编：	100710
责任部门：	外语事业部（010-64283818）		
责任编辑：	李自满		
直销客服：	010-64283818		
总 发 行：	中国商务出版社发行部　（010-64208388　64515150）		
网购零售：	中国商务出版社淘宝店　（010-64286917）		
网　　址：	http://www.cctpress.com		
网　　店：	https://shop595663922.taobao.com		
邮　　箱：	347675974@qq.com		
印　　刷：	北京四海锦诚印刷技术有限公司		
开　　本：	787毫米×1092毫米　1/16		
印　　张：	11	字　数：	227千字
版　　次：	2024年4月第1版	印　次：	2024年4月第1次印刷
书　　号：	ISBN 978-7-5103-4858-7		
定　　价：	64.00元		

凡所购本版图书如有印装质量问题，请与本社印制部联系（电话：010-64248236）

版权所有　盗版必究　（盗版侵权举报可发邮件到本社邮箱：cctp@cctpress.com）

前　言

改革开放以来，我国经济迅猛发展，伴随世界全球化进程加快，中国也发生了翻天覆地的变化，综合实力不断上升。在这样的背景之下，从世界各地来华访问和旅游的外国人越来越多，同时也有越来越多的人出国留学、旅游、从事商务活动等。这就使得生活在不同文化地区的人们之间的交流越来越频繁，跨文化交际的舞台绽放出了前所未有的光彩。汉语的国际地位毫无疑问得到了极大的提升，学习汉语的外国人数持续增长。为此，我国不少高等院校专门开设了对外汉语教学专业，以促进对外汉语教学事业的发展。经过多年的努力，如今对外汉语教学已经取得了不小的成就，不仅培养了大批复合型、外向型的汉语教师，也培养了大批具有较高汉语交际能力的外国人。

文化是具有鲜明的个性的，不同的文化之间必然有一定的差异，文化差异反映到语言上就成为语言上的差异。可见，语言与文化密不可分。在对外汉语教学中，文化因素是不能忽视的，如果能够自觉对比文化差异，从文化的视角来对待汉语的教与学，那么不仅能够有效地增强学生的跨文化交际意识，也能够有效地提高学生的跨文化语言交际能力。正是基于这一方面的思考与认识，笔者专门撰写了《文化视角下对外汉语教学研究》一书。本书主要研究对外汉语教学的理论与方法，首先从对外汉语教学理论入手，对对外汉语教学的意义进行研究，分析了当前的对外汉语教学模式，重点阐述对外汉语语法教学、汉字教学、文化教学等内容，希望为研究对外汉语教学的人员提供更为广泛的思路，也希望能够为汉语教学事业的发展增砖添瓦。

撰写本书过程中，参考和借鉴了一些知名学者和专家的观点及论著，在此向他们表示深深的感谢。由于水平和时间所限，书中难免会出现不足之处，希望各位读者和专家能够提出宝贵意见，以待进一步修改，使之更加完善。

作者

目 录 CONTENTS

第一章　文化视角下的对外汉语教学理论　　1
第一节　对外汉语教学的理论基础　　1
第二节　对外汉语教学的性质和特点　　5
第三节　对外汉语教学的目标与任务　　9
第四节　对外汉语教学的前景展望　　17

第二章　文化视角下对外汉语教学的意义　　20
第一节　学生汉语的学习需要文化的教学　　20
第二节　当今时代的发展需要文化的教学　　31

第三章　文化交际与第二语言习得　　38
第一节　跨文化交际的内涵　　38
第二节　跨文化交际与文化教学的基本态度和方法分析　　46
第三节　第二语言习得研究的基本概念　　48
第四节　汉语习得研究的多元视角　　51

第四章　对外汉语教学模式　　66
第一节　对外汉语教学模式化研究概述　　66
第二节　语文分开与集中识字　　71
第三节　词汇集中强化教学模式　　76
第四节　基础对外汉语教学模式的改革　　84

第五节　对外汉语教学新模式设计　　88
　　第六节　对外汉语短期教学的新模式　　94

第五章　文化视角下的对外汉语语法教学　　104
　　第一节　对外汉语语法教学的重要性和必要性　　104
　　第二节　外国学生汉语语法偏误与对外汉语教学的原则　　108
　　第三节　对外汉语语法教学的方法与技巧分析　　114

第六章　文化视角下的对外汉语汉字教学　　130
　　第一节　对外汉语汉字教学的任务与原则　　130
　　第二节　外国学生的汉字偏误与汉字教学的新模式　　136
　　第三节　对外汉语汉字教学的方法与技巧分析　　142

第七章　基于跨文化适应性的对外汉语　　149
　　第一节　跨文化适应性与跨文化交际　　149
　　第二节　价值观与文化　　157
　　第三节　对外汉语教学中的文化教学　　162
　　第四节　中国文化精神内涵　　165

参考文献　　168

第一章　文化视角下的对外汉语教学理论

第一节　对外汉语教学的理论基础

理论是学科的立足之本，任何一门学科的形成与发展都必须有属于自己的学科理论做支持，对外汉语教学也不例外。对外汉语教学理论是对外汉语教学建设和实践的重要指导，而且影响着对外汉语教学实践的最终效果。

对外汉语教学是一门综合运用多种学科理论的交叉学科，因而其理论基础具有跨学科性。也就是说，对外汉语教学的理论基础是由众多的学科理论基础构成的，其中较为重要的有以下五个。

一、哲学

对于对外汉语教学来说，哲学是其最为深厚的理论基础。哲学对对外汉语教学的影响，主要表现在以下三方面。

第一，哲学为人们认识对外汉语的习得过程以及对外汉语教学过程的本质提供了认识论基础。比如，对外汉语从本质上来说是一种工具还是能力。

第二，对外汉语教学中出现的各种矛盾，需要在哲学的指导和帮助下进行有效解决。比如，在哲学的指导下，能够对对外汉语教与学的关系进行有效处理。

第三，哲学为对外汉语教学研究、教学实验等提供了一定的方法论指导。

二、心理学

心理学是一门侧重于对心理现象及其规律进行研究的科学，对语言教学活动（涉及语言学习者心理活动）的研究与开展、语言教学质量和效率的提高等都有着重大的影响。从这一角度来说，心理学也是对外汉语教学的重要理论基础。而心理学对对外汉语教学的影响，具体来说体现在以下三方面。

第一，在开展对外汉语教学时，要想更科学、更富有成效地培养对外汉语学生获得语言知识、语言技能和语言交际技能，必须借助于心理学中关于人们获得语言知识、掌握语言技能的过程与规律的相关研究成果。

第二，在开展对外汉语教学时，只有借助于心理学的相关研究成果，才能有效地把握对外汉语学生在母语习得和对外汉语习得中的不同过程及其在习得汉语时的特点，并以此为依据设计教学内容、教学计划等，使对外汉语教学更加符合客观规律，继而取得最佳的教学效果。

第三，心理学是对外汉语教学法得以产生的重要基础。比如，行为主义心理学的刺激－反应学说是对外汉语教学的听说法得以产生的心理学基础。

三、语言学

如果没有语言学的研究成果，语言教学就寸步难行。由于对外汉语教学是语言教学的一种，因而对于对外汉语教学来说，语言学也是非常重要的一个理论基础。语言学有着众多分支学科，包括普通语言学、汉语语言学、理论语言学、功能语言学、社会语言学、结构语言学、心理语言学、应用语言学等。而它们的研究成果都对对外汉语教学起着重要的作用。在这里，着重分析一下普通语言学、汉语语言学、社会语言学、心理语言学和应用语言学对对外汉语教学的作用。

（一）普通语言学与对外汉语教学

普通语言学对语言的产生、语言的发展历史、语言的性质、语言的功能、语言的特点、语言的构成要素、人们运用语言的听说读写能力等进行了科学而深入的认识、分析与研究，并取得了重要的研究成果。而借助于这些研究成果，我们便能对对外汉语教学的目的和一般教学规律进行科学认知与准确把握，继而确保对外汉语教学取得较高的成效。

1. 普通语言学对对外汉语教学的影响

普通语言学对对外汉语教学的影响，具体来说表现在以下两个方面。

第一，普通语言学深入研究和探讨了语言的本质、语言的特点内容，而其研究成果，从某种程度上来说就是进行对外汉语教学理论和教学方法研究的重要依据和指导。

第二，普通语言学对语言事实的描写和研究，是对外汉语教学具体活动开展的重要依据。

2. 对外汉语教学对普通语言学的影响

对外汉语教学的研究与实践，会对普通语言学的发展产生一定的能动作用。具体来说，对外汉语教学有自己独特的研究对象和研究方法，透过其研究成果，普通语言学能够对自己的研究领域进行有效的拓展。

（二）汉语语言学与对外汉语教学

对外汉语教学与汉语语言学虽然是两个不同的分支学科，但都以汉语言为教学内容，因而两者之间有着十分密切的关系。以语法来说，汉语语法研究的相关内容能够对对外汉语教学特别是对外汉语语法教学的开展提供直接或间接的指导；而对外汉语教学对汉语语法研究成果需求的不断增多，会进一步推动汉语语法研究的不断深入，并进一步探讨如何针对外国人学习汉语的特点和难点更有效地开展语法教学。也就是说，对外汉语教学和汉语语言学之间存在着相互影响、相互促进的作用。

此外，对于从事对外汉语教学的教师来说，只有具有扎实的汉语语言学理论基础，才能更有效地开展对外汉语教学。

（三）社会语言学与对外汉语教学

社会语言学侧重于对语言的社会性进行研究，着重对语言和文化、职业的关系进行了揭示、研究，为交际法（即以语言功能项目为纲，培养在特定的社会语境中运用语言进行交际能力的一种教学法体系）教学奠定了重要基础。

在当前，交际法是影响最大的一种第二语言教学法，对外汉语教学也深受交际法的影响。从这一角度来说，社会语言学对对外汉语教学有着重要的影响。

（四）心理语言学与对外汉语教学

心理语言学对语言学和心理学进行了有机融合，其研究从整体上来看主要集中于三个方面：第一，言语的产生、理解和获得的规律；第二，人类学习、使用语言的行为和言语活动的心理过程以及两者之间的相互关系；第三，幼儿对母语的习得与学生学习外语之间的共性和特性。同时，心理语言学的相关研究成果表明，每个人的第一语言都是在一岁半至六岁之间随着发育成长而在周围环境的作用下自然获得的，这就叫"语言习得"；外语学习通常都是在正式的场合下进行，而且学习有快有慢、有成有败，存在着明显的个性差异，不像母语那样能够习得，这就叫"语言学习"。此外，学生在进行学习时，会呈现出不同的学习方法。对此，教师不必强求一致，且要注意因人施教。

借助于心理语言学研究的相关成果，对外汉语教学的研究者和实践者能够对外国人学习汉语的心理过程和外国人在学习汉语时存在的个性差异进行有效把握，继而更有针对性地进行对外汉语教学的研究与教学工作。

（五）应用语言学与对外汉语教学

在当前，很多学者都认为对外汉语教学是应用语言学的下位学科。应用语言学是一门年轻但充满活力的学科，主要研究将各种语言学的理论、方法和成果应用于其他同语言有关的学科，为这些学科提供研究的方向和可能解决问题的办法等。

对于对外汉语教学来说，科学运用应用语言学的相关研究成果，可以使其更好地探索适合自己的教学法。同时，对外汉语教学的研究与实践，又能推动应用语言学的不断发展。

四、教育学

有不少学者认为教育学跟语言教学的关系最为直接、最为密切。课堂教学的方法、技巧和手段，主要是教育学问题。由于对外汉语教学是语言教学的一个重要分支，因而教育学是对外汉语教学的理论基础中不可或缺的一个。

（一）教育对学对外汉语教学的影响

教育学对对外汉语教学有着十分重要的影响，具体来说体现在以下四方面。

第一，教育学主要是对教育原理和教育规律（如教育目的、教育方针、教育管理等）进行研究的一门学科，而其中的重要组成部分教学论则侧重于对教学原理和教学规律（如教学方法、教学过程、教学原则、教学内容等）进行研究。对于包括对外汉语教学在内的语言教学来说，只有遵循教育规律和教学规律开展教学活动，才能确保教学活动获得成效。

第二，教育学的相关研究成果，对于对外汉语教学制定教学大纲、设计教学课程、编写教材、设计教学方法等具有重要的指导作用。

第三，教育学是对外汉语教学法流派产生的重要基础，即随着新教育理念的出现，对外汉语教学法流派将不断得到丰富。

第四，教育学是对外汉语教学观念和方法变革的重要依据，即随着新的教育理念、教育技术和教育方法的出现，对外汉语教学的理念和方法也会发生一定的变化。

（二）对外汉语教学对教育学的影响

对外汉语教学在汉语作为第二语言教学的教育作用和教育目的、汉语作为第二语言教学的基本原则和教学方法、汉语作为第二语言学习的学习者心理、汉语作为第二语言教学的教学过程、汉文化教学等方面取得了十分重要的研究成果。而这些研究成果，将对教育学的不断完善与发展产生极其重要的作用。

五、文化学

文化是一个有着丰富内涵的概念，而语言是文化的载体，即语言中包含着文化因素。因此，语言和文化是紧密相连的。在其影响下，对外汉语教学中必然要包括一定的文化因素。此外，对外汉语教学是一种跨文化教学，对外汉语学生日后以汉语为工具从事的交际活动也是跨文化的交际活动。因此，在进行对外汉语教学时，也必须包含与汉语有关的文化知识和文化因素。也就是说，在进行对外汉语教学时，必须以一定的文化学理论为理论基础。

在进行对外汉语教学时，对于汉文化必须引起高度的重视。汉文化在几千年的发展历程中形成了博大精深的文化内涵，而汉语是承载汉文化的重要载体。同时，外国人只有在深入学习、理解和掌握中国文化的基础上，才能真正地掌握汉语，在不同的场合更加准确地运用汉语进行交际。

虽然说外国人是对外汉语教学的主要对象，但这些外国人并非来自相同的国家和文化圈。因此，他们之间也有一定的差异。针对这种情况，在进行对外汉语教学时，还需要对外国人的文化背景进行深入了解，明确其与中国文化的区别，并在比较中对外国人进行汉语知识和文化的教学。

第二节　对外汉语教学的性质和特点

对外汉语教学经过多年的发展，已经呈现出自己独特的性质，并形成了自己的特点。

一、对外汉语教学的性质

对外汉语教学呈现出自己独特的性质，具体如下。

（一）对外汉语教学是语言教学

教授语言即汉语是语言教学（包括对外汉语教学）最为根本的任务，而让学习者掌握汉语这一交际工具则是语言教学的主要目的。语言教学所教授的是语言运用的技能，即让学习者掌握语言这一交际工具，培养他们运用语言进行交际的能力，而不是语言学的知识和理论。但是，这并不意味着在进行语言教学时不必涉及语言知识和语言规律，而是说所涉及的语言知识和语言规律的教学要有利于学习者语言运用能力的提升。因此说，对外汉语教学是语言教学。

对于对外汉语教学的这一性质，很多对外汉语教师并没形成深入认知，从而导致在具体开展对外汉语教学时运用高校中文系讲授语言学的方法对汉语的语法知识、词汇知识等进行讲授。由于这种方式与语言教学的规律是相违背的，因而往往成效甚微。为改变这一情况，对外汉语教师必须深入理解对外汉语教学作为语言教学的性质，并注意在教学内容、教学方法等方面与语言学教学相区别。

（二）对外汉语教学是第二语言教学

对外汉语教学的这一性质，有效地区分了对外汉语教学与汉语作为母语的语文教学之间的差异。

一般来说，母语教学在开展时，学生已经初步或基本掌握了汉语的一些基本技能，如听、说、读、写等，并能熟练地运用所掌握的汉语知识进行母语交际。也就是说，母语教学需要在学生具备一定汉语知识和技能的基础上进行，且着重点是不断提升学生运用母语的能力，不断提高学生的道德品行、文学修养等。

与母语教学不同，对外汉语教学的学习者没有任何的汉语知识，既不能对汉语进行听、说、读、写，也缺乏与汉语相关的社会、文化背景知识，甚至从未接触过汉语。他们要学习汉语，需要从最基础的发音、说话学起。针对这一情况，在进行对外汉语教学时，必须充分考虑到学习者的特点，并以此为依据制定有针对性的教学方法、原则等。从这一角度来看，对外汉语教学是不同于第一语言教学的第二语言教学。

（三）对外汉语教学是汉语作为第二语言的教学

对于对外汉语教学来说，最主要的教学内容便是汉语。因此，在进行对外汉语教学时，既会受到第二语言教学普遍规律的制约，又会受到汉语自身规律以及中国文化的制约。这就决定了对外汉语教学是不同于英语、法语、俄语、日语等作为第二语言的教学。事实上，汉语与其他的语言特别是西方语言相比，在语音、语法、词汇、汉字等方面都呈现出鲜明的特色。

（四）对外汉语教学是针对外国人的第二语言教学

外国人是对外汉语教学最主要的教学对象，从这一角度来说，对外汉语教学就是针对外国人的第二语言教学。

对外汉语教学的这一性质，使得它明显不同于以汉语作为第二语言的国内少数民族汉语教学。具体来说，我国国内少数民族及其族人是在中华文化的影响下成长起来的，因而在对汉语进行学习和使用时不会面临太大的民族文化差异；而外国学生的母语文化通常与中国文化的差异是比较大的，因而其在学习、使用汉语的过程中很容易遇到一些问题或障碍。针对这种情况，在开展对外汉语教学时要想取得成效，必须切实针对外国学生的文化特点。

二、对外汉语教学的特点

对外汉语教学的特点，具体来说有以下三个。

（一）独立性

对外汉语教学的独立性特点，主要指的是对外汉语教学是一门独立的学科。对外汉语教学从20世纪80年代，特别是从20世纪末以来，逐渐进入蓬勃发展时期，对外汉语教学已逐渐作为应用语言学的一个分支成为一个独立的学科。而对外汉语教学的独立性特点，具体来说是通过以下六个方面表现出来的。

1. 研究对象的独立性

对外汉语教学从其研究对象方面来看，具有鲜明的独立性特点。具体来说，对外汉语教学的研究对象主要有以下三个。

第一，对外汉语教学的原理、规律、现象、原则与方法等。

第二，对外汉语教学的过程。

第三，对外汉语教学的内外影响因素以及它们之间的相互作用。

2. 研究任务的独立性

对外汉语教学从其研究任务方面来看，也具有鲜明的独立性特点。具体来说，对外汉语教学的研究任务主要有以下四个。

第一，研究对外汉语教学的规律。

第二，研究如何将对外汉语教学的规律有效运用于教学实践之中。

第三，研究如何对对外汉语教学实践中出现的问题进行有效解决。

第四，研究如何不断提高对外汉语教学的质量与效率。

3. 研究视角的独立性

对外汉语教学的研究视角，并不是单一的，而是有着鲜明的综合性特点，即需要站在语言学、教育学、心理学等多门学科的基础上进行对外汉语教学研究。

4. 学科理论体系的完备性

在当前，对外汉语教学已经在相关学科理论的影响下形成了较为完整的学科理论体系。具体而言，对外汉语教学的学科理论是由两部分内容构成的：一是对外汉语教学的学科理论基础，即哲学、心理学、语言学等；二是对外汉语教学的教学理论，即对外汉语教学的性质、对外汉语课堂教学的原则与方法等。

随着对外汉语教学实践的不断深入，对外汉语教学的学科理论体系也将不断丰富与完善。

5. 教学任务的特殊性

对外汉语教学与其他教学相比，在教学任务方面呈现出鲜明的特殊性特点，具体如下。

第一，要对外国学生利用汉语进行语言交际的能力进行有效培养。

第二，要将对外汉语教学与文化因素进行紧密结合，以便外国学生在理解中国文化的基础上更好地运用汉语。

6. 研究队伍的成熟性和研究成果的丰富性

随着对外汉语教学学科的日益成熟，对外汉语教学的科研队伍也不断壮大，且科研人员的素质有了很大提高。在其影响下，对外汉语教学的研究成果越来越丰硕，并不断在新的领域进行深入的探索与研究。

（二）应用性

对外汉语教学的应用性特点，主要指的是对外汉语教学是一门应用学科。所谓应用学科，就是注重与实践进行紧密联系、对实践中遇到的问题进行直接解决的学科。应用学科并非没有自身的基础理论研究领域和理论体系，而是要将基础理论研究和理论体系运用到实践中，即注重应用。

对外汉语教学既是一门学科，也是一种语言教学活动。也就是说，对外汉语教学注重将理论与实践进行有机融合，并大力推进对外汉语教学在理论指导下的有效实践。实际上，只有将理论与实践有机融合在一起的对外汉语教学，才能更有效地进行与开展，并取得切实有效的成果。同时，对外汉语教学实践有助于对外汉语教学理论的丰富与完善。

对外汉语教学的应用性特点，要求对外汉语教学在开展教学活动时，必须将理论与实践进行有效融合。但事实上，不少对外汉语教师存在着重实践、轻理论学习或是重理论、轻实践的倾向。但是，光有实践，没有理论指导，对外汉语教学实践可能盲目的、随意的、不科学的；光有理论，没有教学实践的验证，无法确定这一理论是否是完善且切合实际。因此，对外汉语教学的教师在开展对外汉语教学活动时，必须将理论和实践进行有机融合。

（三）综合性

对外汉语教学的理论基础、教学内容、教学方法、教学原则等是对多门学科进行综合的结果。也就是说，对外汉语教学具有鲜明的综合性特点。

对外汉语教学是由教和学这两个过程有机构成的，而在这一过程的运转中，必然会涉及多方面的内容，如汉语的本体、教学方法与手段、现代教育技术等；涉及多门学科，如教育学、心理学、语言学等。因此，对外汉语教学具有综合性特点，是一门综合性的学科。

由于对外汉语教学是一门综合性学科，因而其研究和实践人员都必须具有多方面的理论知识和较高的综合素质。

第三节　对外汉语教学的目标与任务

对外汉语教学的独特性，决定了其教学目标与任务的特殊性。

一、对外汉语教学的目标

对外汉语教学的目标是否科学、合理，将对对外汉语教学的效果产生重要影响。因此，在开展对外汉语教学前，首先需要制定科学、合理的教学目标。

（一）教学目标的内涵

1. 教学目标的含义

关于教学目标的含义，很多学者和教学论著中都有一定的阐述。教学目标是教学活动的主体在教学活动中所要达到的预期效果和标准，是教学目的、要求在每一教学阶段的具体化，是教学活动的出发点和归宿。《现代教学方法百科全书》认为：教学目标是对教育者预先确定的，要求学生通过教学活动而发生的各种变化的具体描述，这种描述具有可见性和可测性，因此又称为行为目标。

虽然不同的学者对教学目标的定义有一定差异，但总体来说都包括以下四方面的内容。

第一，教学目标的实现离不开教师与学生的共同努力。教学目标对教师来说具有指导作用，对学生来说则具有心理激励作用，且是对教师的教学效果和学生的学习效果进行检测的重要标准。

第二，教学目标的对象是学生，即通过开展教学活动使学生发生不同性质或程度的变化。

第三，教学目标对于教学活动来说，既是其出发点，也是其归宿。只有教学目标明确，教学活动才能顺利开展，并最终有效实现教学目标。

第四，教学目标是对教学活动的实际效果及其与预期效果之间的差异进行衡量的重要标准。

2. 教学目标的分类

当前，学术界关于教学目标的分类并未形成一致意见，不同的学者有着不同的观点。其中，影响较大的是布鲁姆的教学目标分类和加涅的教学目标分类。此外，我国学者在立足自身实际的基础上，也对教学目标的分类提出了一些建设性意见。

（1）布鲁姆的教学目标分类

布鲁姆认为，教学目标主要涉及三大领域，即认知领域、情感领域和技能领域，同时每一领域的教学目标又可以细分为一些小的教学目标。

对于认知领域的教学目标来说，可以细分为六个小的教学目标：第一，识记目标，即学习者能够有效地记忆所学过的相关知识；第二，领会目标，即学习者能够借助于转换（即用自己的语言或与之前的表达方式有所差异的表达方式对自己的思想进行表达）、解释（即说明或概述某一项信息）和推断（即推理事物之间所存在的逻辑关系）等形式，对所学材料的意义进行准确把握；第三，运用目标，即学习者能够在新的情境中对所学的材料进行应用；第四，分析目标，即学习者在对学习材料的内容、结构进行理解的基础上，能够对其进行分类，并指出不同类别之间的关系及其结构方式；第五，综合目标，即学习者能够将所学的零碎知识整合为知识系统；第六，评价目标，即学习者能够对所学的材料进行价值判断。

情感即个体对外界刺激做出的心理反应，既可能是肯定的心理反应，也可能是否定的心理反应。一般来说，个体的情感会对其行为选择产生重要的影响，还与其价值观的更新、思想情操的提升以及多方面能力的提高有着一定的关系。因此，在进行教学时，必须重视情感领域的目标。而对于情感领域的教学目标来说，又可以细分为五个小的教学目标：第一，接受目标，即学习者能感受到某种现象和刺激的存在，并愿意接受或注意这些现象和刺激；第二，反应目标，即学习者在对某种现象和刺激有所注意的同时，能够以某种方式（如默认、愿意、满意等）对其做出反应；第三，价值评价目标，即学习者将特殊的对象、现象或行为与一定的价值标准相联系，包括价值的接受、对某一价值的偏好、信奉三个方面的内容；第四，价值观念组织目标，即学习者能够对不同的价值观念进行组织与融合，并在有效调和它们之间的矛盾与冲突的基础上形成属于自己的价值观体系；第五，定型目标，即学习者通过对自己的价值观体系进行组织，使自己形成一定的品性。

对于技能领域的教学目标来说，可以细分为六个小的教学目标：第一，知觉目标，即学习者能够借助于感觉器官对客体或关系进行察觉，并在此基础上形成对心理、躯体和情绪等进行调节的能力；第二，模仿目标，即学习者能够对教师示范动作进行模仿；第三，操作目标，即学习者能根据教学要求独自做出动作；第四，准确目标，即学习者在练习或完成复杂作业的同时，使自己的动作精准；第五，连贯目标，即学习者能够按照规定顺序和协调要求对自己的动作和行为进行调整；第六，习惯化目标，即学习者能够自动或自觉地行动。

（2）加涅的教学目标分类

加涅在对各派学习理论进行深入分析与系统总结的基础上，提出了教学目标的分类理论。在他看来，教学目标主要是由以下五个具体目标构成的。

第一，言语信息目标，即学习者通过学习活动能够对具体的事实进行记忆，并且在需要某一事实时能够将其陈述出来。一般来说，言语信息目标的实现要经历一个从不知到知、从知之甚少到知之甚多的过程。

第二，智力技能目标，即学习者通过学习活动能够获得使用符号与环境相互作用的能力。一般来说，智力技能目标的实现会经历一个从简单到复杂、从低级到高级的过程。

第三，认知策略目标，即学习者通过学习活动能够对自己的注意、感知、记忆和思维等进行控制与调节。

第四，动作技能目标，即学习者通过学习能够使自己的身体动作迅速、准确、有力量或有连贯性。

第五，态度目标，即学习者通过学习获得对自己的个体行为选择产生重要影响的心理状态。

3. 国内学者的教学目标分类

国内学者在对国外教学目标分类研究进行继承、分析与总结的基础上，依据自身实际提出了针对国内情况的教学目标分析，具体见表1-1。

表 1-1　国内学者教学目标的分类

领域	学习水平				
认知领域	记忆	理解	简单应用	综合运用	创见
动作技能领域	模仿	对模仿动作的理解	动作组合协调	动作评价	新动作的创造
情感领域	接受	思考	兴趣	热爱	品格形成

由表1-1可以知道，国内学者也将教学目标分成认知、情感、技能三个领域，只不过具体阐述与国外学者有所差异。

（1）认知领域的教学目标

国内学者对认知领域教学目标的具体阐述，主要有以下五个。

第一，记忆，即能够对所学材料进行有效记忆。

第二，理解，即能够对学习材料进行深入理解；能够对学习材料的形式进行转换；能够对学习材料进行简单判断。

第三，简单应用，即能够将所学材料运用于新的情景，并对新情景出现的一些简单问题进行有效解决。

第四，综合应用，即能够有效辨认某一综合问题的组成部分；能够对组成部分之间的关系进行分析；能够对组成部分中存在的原理、法则等进行识别，并通过对其进行综合运用来有效解决问题。

第五，创见，即能够打破常规思维，提出独到见解或解题方法；能够将学习过程的材料依据自己的观点进行整合；能够自己设计方案对一些实际问题进行解答。

（2）情感领域的教学目标

国内学者对情感领域教学目标的具体阐述，主要有以下五个。

第一，接受，即能够注意到在适当的环境中存在的对象；能够在给予机会时有意地注意对象；能够对教师的演示或讲解给予集中的注意。

第二，思考，即能够根据教师的指示做出系统动作；在与对象打交道时能够积极、主动，且注意与以前的经验相关联；能够有意识地与对象打交道，并在这一过程中保持较高的兴致。

第三，兴趣，即有进行深入研究的意愿；在与对象打交道时能始终保持愉快的兴趣；希望自己的思考和动作能够继续。

第四，热爱，即能够对对象的存在和价值给予关心；能够将价值内化为自己的坚定信念；能够认识到对象的美，并使其成为自己的理想信念。

第五，品格形成，即以自己的价值观和信念为依据，对自己的品格进行内化，并在其指导下选择自己的言论与行动。

（3）技能领域的目标

国内学者对技能领域教学目标的具体阐述，主要有以下五个。

第一，模仿，即能够对教师的演示与动作进行模仿；能够将描述语言转化为实际动作。

第二，对模仿动作的理解，即能够理解装置结构原理；能够合理解释动作的作用；能够合理概括和解释动作的结果。

第三，动作组合协调，即能够协调地进行动作分解与组合；能够科学设计动作的组合计划；能够科学概括和解释实验的结果，并写出实验报告。

第四，动作评价，即能够有效估计动作；能够科学设计、合理计划组合动作与设备；能够熟练地进行动作；能够对结果进行有效解释、推论及评价。

第五，新动作的创造，即能够依据新情景对动作进行设计与实现，并对动作结果进行科学的解释。

（二）对外汉语教学目标的作用

对外汉语教学目标的作用是多方面的，其中较为主要的有以下四个。

1. 对外汉语教学目标的导向作用

汉语教学实践有着直接的导向作用。具体来说，对外汉语教学目标的导向作用又表现在教师和学生两个方面。

（1）对外汉语教学目标对教师的导向作用

对外汉语教学目标对教师的导向作用，主要表现在以下四个方面。

第一，影响着教师在进行对外汉语教学时应选择什么样的内容以及如何对所选择的教学内容的教学顺序进行科学安排。

第二，影响着对外汉语教学的重点与难点。

第三，影响着对外汉语教学的方法与手段的选用。

第四，影响着对外汉语教学的教学过程设计。

（2）对外汉语教学目标对学生的导向作用

对外汉语教学目标对学生的导向作用，主要表现在以下三个方面。

第一，引导学生进行主动学习，使学生在学习时能够有效注意课堂中的重要信息，并对教学内容产生一定的预期。

第二，引导学生在学习的过程中进行自我激励、自我调控和自我评价。

第三，引导学生对自己的学习行为进行有效维持。

2. 对外汉语教学目标的调控作用

对外汉语教学目标一旦确定，对外汉语教学过程就变成了对对外汉语教学目标进行逐步实现的过程。从这一角度来说，对外汉语教学目标对对外汉语教学活动过程具有重要的调控作用，即在对整个对外汉语教学活动的进程进行有效控制的同时，依据对外汉语教学目标的需要对对外汉语教学的方式与结构等进行调节与改进，从而确保教学活动能够有效促进对外汉语教学目标的实现，即最终能够获得尽可能好的教学效果。

3. 对外汉语教学目标的激励作用

教学目标能满足学生的心理需要，能够使学生对对外汉语教学内容产生强烈的期待心理，继而有效提高学习的积极性与主动性，全身心地投入到对外汉语的学习之中。从这一角度来说，对外汉语教学目标具有一定的激励作用。

要使对外汉语教学目标的激励作用得到有效发挥，必须确保制定的对外汉语教学目标与学生的心理需要相符合，并使学生意识到自己通过努力就一定能达成目标。

4. 对外汉语教学目标的评价作用

对外汉语教学目标为对外汉语教学评价提供了可观察、可测量的标准，也就是说依据对外汉语教学目标能够对对外汉语教学活动进行科学评价。从这一角度来说，对外汉语教学目标具有评价作用。

要使对外汉语教学目标的评价作用得到有效发挥，必须注意以对外汉语教学目标为依据编制测验题，以便保证评价结果的科学性与准确性。

（三）对外汉语教学目标的设计

对外汉语教学的效果如何，与对外汉语教学目标设计得如何有着密切的关系。因此，科学设计对外汉语教学的目标是十分重要的。而要对对外汉语教学目标进行科学设计，必须注意以下四个方面。

1. 要保证对外汉语教学目标的系统性

在进行对外汉语教学目标设计时要保证对外汉语教学目标的系统性，就是设计的对外汉语教学目标要包括对外汉语教学的学科总目标、对外汉语教学的课程目标、对外汉语教学的学段教学目标、对外汉语教学的单元教学目标和对外汉语教学的课时教学目标。

（1）对外汉语教学的学科总目标

对外汉语教学过程所要达到的最终结果，便是对外汉语教学的学科总目标。一般来说，对外汉语学科总目标对对外汉语教学的内容、过程等的规定是较为宏观的，且需要由国家教育主管部门组成的有关专家来进行制定。

（2）对外汉语教学的课程目标

对外汉语教学的课程目标，就是明确对外汉语学科总目标通过哪些课程来予以实现。一般来说，国家和各级学校的课程专家是对外汉语教学的课程目标的主要制定者。

（3）对外汉语教学的学段教学目标

对外汉语教学的学段教学目标，就是明确每门课程的完成时间。因此，对外汉语教学的学段教学目标也可以成为学年教学目标或是学期教学目标。一般来说，对外汉语学院的研究人员和有关专家是对外汉语教学的学段教学目标的主要制定者。

（4）对外汉语教学的单元教学目标

对外汉语教学的单元教学目标，就是明确某一学期的教学内容需要分几个单元结构来完成。一般来说，对外汉语学院的系主任、教研室主任和优秀教师是对外汉语教学的单元教学目标的主要制定者。

(5) 对外汉语教学的课时教学目标

对外汉语教学的课时教学目标,就是明确一堂课的教学内容以及预期效果等。一般来说,对外汉语教师是对外汉语教学的课时教学目标的主要制定者。

2. 要保证对外汉语教学目标的层级递进

对外汉语教学是一种循序渐进的活动,是以学年、学期为单位加以组织与实施的,因而不能期望学习者一下子就达到教学的最终目标。因此,在进行对外汉语教学目标设计时要保证对外汉语教学目标的层级性,即设计的对外汉语教学目标具有不同的层级,且学习者通过不断的学习能有效实现这些层级。

3. 要保证对外汉语教学目标的灵活性

对外汉语的学习者在学习基础和学习能力方面并不是完全一致的,而是存在一定的差异。因此,在进行对外汉语教学目标设计时要注意具有一定的灵活性,即让学习者有一定的目标选择余地。

4. 要保证对外汉语教学目标的可操作性

在进行对外汉语教学目标设计时,要确保其是具体的、明确的、可观察的、可测量的。只有这样,设计好的对外汉语教学目标才能在对外汉语教学实践中有效实施。

(四)对外汉语教学目标的编写

在设计好了对外汉语教学目标后,就需要对其进行编写了。就当前来说,常用的对外汉语教学目标编写方法主要有两个,即五要素目标表述法和 ABCD 法。

1. 五要素目标表述法

这一对外汉语教学目标的编写方法是由加涅提出的,在他看来,学业行为目标(即教学目标)必须包括五个方面:一是学业行为的情境;二是习得能力的类型;三是学业行为的对象;四是运用习得能力的具体行为;五是与学业行为有关的工具、条件或限制。因此,在对学业行为目标进行编写时,必须围绕这五个方面进行。

2.ABCD 法

ABCD 法是由教育研究者马杰在 1962 年出版的《程序教学目标的编写》一书中提出的。其中,A 指的是对象(Audience),即对教学对象进行阐明;B 指的是行为(Behavior),即学习者通过学习在行为方面发生了哪些变化;C 指的是条件(Condition),即学习者表现学习行为的条件;D 指的是标准(Degree),即学习者达到合格行为的最低标准。

一般而言,通过这一方法编写的教学目标明确、具体,能清楚地告诉人们学习者将获得的具体能力以及如何对这些能力进行观察与测量。

二、对外汉语教学的任务

对外汉语教学的任务，概括来说有以下四个。

（一）让外国学生学习好、掌握好汉语

让外国人学习好、掌握好汉语，可以说是对外汉语教学最为基本的一项任务。所谓"让外国人学习好、掌握好汉语"，就是通过对外汉语教学活动让外国学生能较为熟练地运用汉语进行不同层次的交际和交流，具备不同目的、不同领域、不同层次的汉语听说读写能力和言语交际能力。

为有效完成对外汉语教学的这一任务，需要在教学过程中积极调动外国学生的学习积极性与主动性，同时对外汉语教师要注意不断完善自己的理论知识、增强自己的实际教学能力，并切实根据外国学生的实际采取丰富的、灵活多样的教学方式。

（二）进行对外汉语教学研究

进行对外汉语教学研究，也是对外汉语教学的一项重要任务。对外汉语教学研究，主要是以对外汉语教学的性质、特点、教学过程等为依据，对对外汉语教什么、如何学、怎样教等问题进行深入的探讨。只有将这些问题探讨清楚，才能真正地教好汉语，更好地教会外国学生学会、用好汉语。

（三）进行对外汉语学科建设

对外汉语学科的建设是否科学、合理、完善、具有前瞻性，将对对外汉语学科的未来发展产生重要影响。因此，在进行教学时，需要依据实际经验不断对对外汉语学科进行建设。

在进行对外汉语学科建设时，需要从学科性质、学科任务、学科地位、学科结构体系、学科研究、学科人才培养、学科规划等方面具体展开，同时要积极开展对外汉语教学学科研究，把对外汉语教学学科真正建设成为一门体系完善、内涵丰富、特色明显的独立学科。

（四）扩大中国以及中国文化的影响力

进行对外汉语教学，除了要向外国学生教授汉语知识外，还需要承担起传播中国文化、展现中国社会、增进中外友谊和文化交流、培养热爱中国文化的国际友人的职责，以不断提高中国以及中国文化的影响力。为此，需要不断扩大对外汉语教学的范围，使世界范围内的汉语学习热不断升温，进而吸引越来越多的外国人学习汉语，并在学习过程中加深对中国的认识与了解；及时以国际政治环境为依据，对对外汉语教学的发展战略和策略进行调整，以确保对外汉语教学在任何情况下都能发挥出积极作用；不断开拓在国外办学、在国外教授汉语的新市场，以有效提升对外汉语教学的影响力等。

第四节　对外汉语教学的前景展望

近些年来，对外汉语教学获得了迅速发展，不论是学习人数、教学规模还是师资队伍建设、教材编写、教学模式等，都呈现出新的面貌。与此同时，对外汉语教学也存在一定的问题，随着中国国际地位的提高和经济发展的飞速前进，外国人学习汉语的积极性也日益提高。但是我国语言学界在这方面的研究和所采取的实际措施，远远不能令人满意。在这里，我们也必须努力工作、奋发图强，以便赶上时代发展的步伐。也就是说，对外汉语教学研究的步伐跟不上社会需求的发展与变化。不过，从整体上来看，经过几代人的苦心孤诣、钻研经营，对外汉语教学已逐渐在世界外语教学领域占据了主流地位，并呈现出蓬勃发展、欣欣向荣的局面以及广阔的发展前景。可以说，对外汉语教学在未来是大有可为、前程万里的。具体来说，对外汉语教学的广阔发展前景主要体现在以下八个方面。

一、国家越来越重视对外汉语教学的发展

20 世纪 80 年代，国家成立了对外汉语教学领导小组，负责对全国的对外汉语教学工作进行领导、协调与管理，并制订了相关发展规划来促进对外汉语教学的进一步发展。

20 世纪 90 年代，为了更好地对全国对外汉语教学工作进行宏观规划，国家进一步调整了对外汉语教学领导小组。

到了 20 世纪末，新的国家对外汉语教学领导小组在新发展形势的推动下应运而生，新增了财政部、国家发展计划委员会和对外经济贸易合作部。随着国家对外汉语教学领导小组的不断完善，针对对外汉语教学的财政投入也不断增加，有效推动了对外汉语教学事业的进一步发展。

在将来，处于国家领导下的对外汉语教学将会越来越受到国家的重视，并将会在国家的科学指导和调控下获得更加稳定、协调和健康的发展。

二、对外汉语教学体制不断完善

当前，对外汉语教学包括学历教育和非学历教育两个方面。其中，针对外国留学生的对外汉语本科学历教育最早出现于 20 世纪 70 年代，经过多年的发展，这一学历教育不断完善，包括学士学位、硕士学位和博士学位这一完整的学历教育体系；对外汉语教学的非学历教育有着多种多样的类型，除了学校教育（包括汉语预备、汉语短期、汉语

速成、汉语进修）为主外，对海外华侨子弟、外交人员、商务人员等的广播、刊授、函授、多媒体教学、网上中文、远程汉语教学等形式的对外汉语教学也获得了进一步发展。

可以说，当前已经形成了结构完整、门类齐全、渠道和层次多样化的对外汉语教学体制。而在当前的网络时代，利用互联网进行对外汉语教学，如建立汉语远程学院、设立与对外汉语教学相关的网络电台等更是逐渐成为对外汉语教学的重要方式。

三、对外汉语教学规模不断扩大

对外汉语教学体制的不断完善，在很大程度上促进了对外教学规模的扩大。而且在当前，随着我国经济的迅速发展以及对外交流的不断扩大，来华学习汉语的外国留学生人数将呈现出不断增长的趋势。与此同时，参与对外汉语教学的高校数量也不断增多。可以肯定地说，未来还会有更多的高校参与到对外汉语教学之中，而这对于扩大对外汉语教学规模是十分有利的。

不过，当前我国对外汉语教学的教学设施、住宿餐饮服务设施、生活娱乐服务设施等基础设施相对来说是比较落后的，因而接收外国留学生的能力受到较大限制。因此，对外汉语教学要想在未来发挥出更大的影响力，需要不断对其基础设施进行科学建设。

四、对外汉语教学理论不断完善

随着国家对对外汉语教学以及对外汉语教学研究的日益重视，对外汉语教学研究获得了进一步发展，不断有新的研究成果呈现。在其基础上，对外汉语教学理论也得以不断丰富。

在今后，对外汉语教学研究将立足实际，并不断深化，以便获得与实际更加相符合的研究成果，推动对外汉语教学实践能够进一步发展，并获得尽可能高质量的教学实践效果。

五、对外汉语教学师资队伍建设不断加强

对外汉语教学的科学、健康发展，离不开高素质的师资队伍的支持。当前，我国已经形成了具有相当规模的对外汉语师资队伍，且在国家宏观政策的指导和推动下对外汉语师资队伍的整体素质有了较大提升。不过，当前我国的对外汉语师资队伍建设仍存在一些问题，如对外汉语教师的知识结构不尽合理、对外汉语教师的理论水平和教学能力参差不齐、对外汉语教学的教师数量无法有效满足不断扩大的教学规模等。针对这些情况，在今后还须不断加强对外汉语的师资队伍建设，具体来说可从以下三方面着手。

第一，对高校开设的对外汉语本科专业不断进行改善与扩充，并对其课程设置进行调整，以使其更加与实际相符合，确保培养出更多且能够更好地胜任对外汉语教学工作

的对外汉语教师。

第二，要不断提高对外汉语教师的培养层次，以更好地适应对外汉语教学与科研的需要。

第三，要不断加强对外汉语教师的在职培训，以促使其知识结构不断更新和完善，更好地适应现实的对外汉语教学和科研需要。

六、对外汉语教学的教材开发有了新突破

对外汉语教学开展的好坏以及最终的成果，与所使用的对外汉语教学教材也有一定的关系。因此，在进行对外汉语教学时，必须重视教材的开发与编写工作。

实际上，近年来对外汉语教学的教材开发与编写工作都获得了一定的成果，不仅越来越与实际相符合，而且呈现出较高的科学价值和实用价值。今后，对外汉语教学的教材开发编写还将受到更多的重视，以尽可能确保其立足国内、面向世界，具有多样的类型与层次，能够与教学需要进行紧密结合等。

七、对外汉语教学质量越来越受到重视

为了对全国的对外汉语教学工作进行促进与优化，国家"汉办"举行了全国对外汉语教学优秀教师评选、全国对外汉语教学优秀教材评选等活动。这表明，国家越来越重视对外汉语教学的质量。

由于对外汉语教学的质量会对对外汉语教学的未来发展产生重要制约，因而在今后，对外汉语教学质量必然会受到更多的重视。

八、对外汉语教学基地和汉语中心不断建立

国家"汉办"自21世纪初起，开始重视在全国范围内建立一批能够起带头和示范作用，能够承担研发重大课题、编制教学大纲、编写教材、实施远程教学、开发对外汉语考试、培训对外汉语教师、储备对外汉语师资等任务的对外汉语教学基地。如今，北京语言大学、复旦大学、北京师范大学、北京大学、南开大学等都是有着较强综合实力的对外汉语教学基地。

与此同时，国家为了更好地发展对外汉语教学事业，在海外的纽约、温哥华、悉尼、首尔等多个城市建立了汉语中心。在今后，国家还将根据实际，不断增加对外汉语教学基地和汉语中心的数量，以促使对外汉语教学获得进一步发展。

第二章　文化视角下对外汉语教学的意义

第一节　学生汉语的学习需要文化的教学

汉语扎根于博大精深、源远流长的中国文化土壤，它在产生和发展过程中，自觉保存和传递着中国文化，记录着中华民族的历史进程，蕴涵着我们民族的文化心态和思维方式。因此，在对外汉语教学中，汉语的学习离不开中国文化的学习，汉语的教学离不开中国文化的教学，汉语的推广也离不开中国文化的传播。

认知主义学习理论认为：学习是通过认知过程对信息进行编码、转换、组织与储存并形成认知结构的过程；学习是学习者内在心理与外在环境的互动，心理是学习者处理外部信息的媒介。在第二语言学习中，一种语言符号的信息编码不仅仅是一种符号信息，随之发出的还有大量的文化信息，在解码过程中，解码文化或多或少会影响编码文化，从而出现意义的改变。因此，对语言的理解也要以特定的文化背景为依据。

在对外汉语教学中，学生学习汉语，就要对汉语这一输入信息进行信息解码，重新组织后储存到自己的认知结构当中，才能形成对这门语言的掌握。在这个学习过程中，必然要对汉语有全面的理解才会形成正确的认知，语言的习得绝不只是简单的语言符号的掌握，本质上是两种或多种文化间的交流与碰撞。语言教学与文化教学是一个平行进行的过程，语言不仅包含着一个民族的历史和文化背景，而且蕴藏着该民族的价值观、思维方式、生活方式和心理积淀等。从教学的角度看，教授一种语言，同时也在教授一种文化。我们可以认为有纯粹的文化教学，但没有完全排除文化的语言教学，比如不可能有与法国文化完全无关的法语教学。所以，我们认为语言教学与文化教学既不可分，又相辅相成。可以这样认为：不掌握一个国家的语言，很难真正了解这个国家的文化；不了解这个国家的文化，也很难真正掌握一个国家的语言。文化作为汉语语言习得中的一个重要组成部分，不仅对汉语语言的理解和运用产生重大影响，还影响着学生汉语习得的动机、兴趣等学习心理，汉语语言的学习需要文化的教学。

一、汉语语言中蕴涵着丰富的文化内容

　　语言文字是交流思想、传播文化的，语言文字和思想文化虽说是两码事，然而由于语言文字是交流思想、传播文化的工具，而思想文化又是抽象的，必须依靠语言文字这个物质外壳而存在，所以语言文字和思想文化老是纠缠在一起，很难撕扯得开。语言反映着文化，又受到文化的制约，不懂一种语言背后的文化，就难以正确地理解和使用这种语言。对外汉语教学作为汉语的教学，同样如此。汉语是最重要的交际工具之一，但汉语不仅仅是一种交际工具，跟汉语社会相联系的是人类社会中一种极其深邃、久远、广阔的文化。因此汉语是一种深刻的社会文化知识。从这样的角度来看待汉语，就可以看到汉语的概念里面所包含的内容是极其复杂、极其丰富多样的。汉语中蕴涵着大量的文化信息，这些文化直接影响外国学生对汉语的理解和使用，是对外汉语教学中不可或缺的组成部分。

　　在多年的汉语教学实践中，人们逐渐体会到，要培养学生的汉语能力，提高他们的汉语水平，能在跨文化语境中得体地使用语言，顺畅地进行交际，就必须重视对学生的文化教学。汉语作为世界上最古老的语言，是千百年来汉语使用者集体智慧的结晶，是中华民族文化的重要载体，它在语音、词汇、语法、汉字、语用等多个方面都蕴涵着丰富的文化内容，是真正的"文化语言"。

　　在语言中，一般都认为语音与文化的关系最浅。但是我们如果把视线从传统的语音的物理属性、生理属性移向语音的社会心理属性，我们就会发现一系列不同于现今语音学研究的现象。我们很难从中明确地"悟"出什么民族意识，但却可以确定它是民族特征的一部分，具有某种文化属性。从文化的视角观察并研究汉语语音，很多语音现象都与汉民族文化有着千丝万缕的联系。汉语是一种以音节作为最自然语音单位的语言，在现代汉语中常用音节加次常用音节仅 47 个，占总出现率的 50%，加上又次常用音节也只有 109 个，占到了总出现率的 75%。因而，汉语音节的使用频率高度集中，同音和谐音的现象大量存在。从古至今，人们利用这样的语音特点，形成了极为丰富的谐音文化。在语言运用的特定情境中，借助音同或音近的语音来表达意思，产生"言外之意、弦外之音"的特殊表达效果。这种谐音手法的运用，跟一定的文化传统和民族心理相联系，通过谐音的分析，可以寻觅出许多中国文化的渊源。如：中国人除夕吃年夜饭大多有鱼这道菜肴，谐的是"年年有余"；沿海渔民忌讲与"沉"和"翻"音近或音同的字眼，因而"盛饭"只能说"添饭"，"翻"要说"转"；在中国一些地方，挑选手机号码、车牌号码等都喜欢选择"8"而不愿要"4"，因为"8"与"发"谐音，"4"与"死"音近；类似的例子比比皆是。虽然谐音作为一种语言现象普遍存在于多种语言之中，但汉语中的谐音现象或语意双关，或禁忌避讳，或象征祈福，其背后表达的是中国人特有的文化心理和价值取向。另外，汉语语音中叠音、复音等语音艺术手法的运用，让人在

品味欣赏之时，又能获得文化的启迪和智慧。还有学者发现汉语中不少词的声音是模拟事物音响而发出的，如"滴"像"檐溜下注"之声，"鸡"像小鸡唧鸣之声，"布谷鸟"依声命名，"叮当"以声象意等，这些都体现出汉民族思维方式具体性、形象性的倾向。可以说，只要我们仔细去体味，在汉语语音的背后都或多或少隐含着汉民族的思维习惯和文化心态。

词汇是语言要素中发展变化最快、最为贴近社会生活的一个部分，因而在语言的诸多要素中，词汇与文化的关系也最为密切。一种语言所反映出来的文化，绝大多数都在词汇当中有所体现，语言的文化承载功能也主要是通过词汇显示出来的。汉语伴随着中国的悠久历史一路走来，词语中的文化沉淀尤为浓厚，大量词语本身就直接反映了多姿多彩的中国文化，许多词语意义烙上了民族文化的深深印记。汉语词汇中那些标志中华民族文化（包括物态文化、制度文化、行为文化和心态文化）中特有事物或具有中华民族色彩与历史背景的词、词组及习语，它们具有汉文化意象，反映了中华民族在漫长的历史进程中逐渐积累的、有别于其他民族的、独特的活动方式。如对体现汉民族文化特有事物和概念的词汇可归为四类：受特定的自然环境制约的语汇，如"梅雨""熊猫"等；受特定的物质生活条件制约的语汇，如"旗袍""四合院"等；受特定的社会和经济制度制约的语汇，如"科举""同志"以及一系列亲属和社交称谓等；受特定的精神文化生活制约的语汇，如"克星""红娘"等；以及众多的成语、熟语，如"一日三秋""做一天和尚撞一天钟"等。这些词汇体现着特定的文化内涵，在其他语言中没有或者难以找到完全等义对应的词语，必须结合中国背景文化知识才能理解。有学者研究表明，中英文之间的文化差异造成它们之间的对等词只有40%左右，英译汉语文化负载词相当棘手，一不小心就会出现文化亏损，即误将文化差异当作文化共核，以源发语的文化模式来硬套目的语，交际失败；或以目的语的文化形象重新取代源发语的文化形象，交际成功，留下的遗憾是源发语文化亏损。因此，在对外汉语教学中，如何尽量避免文化亏损，让留学生理解这些汉语文化负载词的深层含义，就成了对外汉语词汇教学不容回避的问题。除此以外，一些汉语词汇的构成还体现着中国特有的文化观念，如："黑白""好歹""成败"等意义相反或对立的词语，表达着中国传统哲学的辩证对立思想；"师生""国家""男女"等词语语素序列的排列，反映着中国文化伦理、等级尊卑观念的影响；"枪打出头鸟""和气生财""与世长辞"等俗语和成语的存在，体现着中国文化中庸、和谐、委婉的意识；"梅""松""竹"等事物本身的特性，被赋予了特定的文化精神和品质；等等。汉语词汇反映了汉民族的传统观念、价值理想、哲学思维、风俗习惯、思维方式、心理特点、审美情趣等，几乎囊括了中国文化的方方面面，可以看作是中国文化的一面镜子。

语法是人们在长期历史发展过程中所形成的表达规则的体现，它在很大程度上反映着一个民族的思维方式和心理习惯。在世界各种不同语言的语法体系中，汉语语法有它独特的民族个性。汉语是一种孤立型语言，它不像印欧语言那样通过词形的屈折变化来表示语法关系，而特别重视意向的融合性和表达的灵活性。汉语的意合性体现在构词遣句上，表现出语言结构极大的简约性和灵活性。如汉语双音节词的组合多由语素构成，语素的相互结合主要以意义为支点，不受其他形式的约束，灵活变通，弹性很大，可分可合，变化多端。例如，"看"可以组成"查看""看见"，前后位置均可，拆开来又分别可以单用或和其他语素重新组合成新词。就像小孩玩的积木，拼拆组合，自由多变，这体现出中国传统哲学思想中"合二为一""一分为二"的观点。又如汉语句子的构造主要依靠语序和虚词来表达意义，因而词语在句中的位置不同，表达的意义也不一样。例如"不怕辣"，我们变换词序后可变为"辣不怕""怕不辣"，三者的语序变化以后，语义也发生了改变，"怕辣"的程度一个比一个深。如此巧用语序，语义仍是通的，但表达的重点发生了转移，还能给人留下遐想的空间，汉语遣词构句的灵活性可见一斑。此外，汉语的句子只要意义连贯，很多成分可以省略，不用借助任何形式上的连接就可以表达，最典型的例子莫过于马致远《天净沙·秋思》中的"枯藤老树昏鸦，小桥流水人家，古道西风瘦马"，由九个表示事物的名词单一排列，却能在语义上勾勒出一幅游子思乡、萧瑟凄凉的秋野图景，形成语言凝练、意境深远的独特风格。这种只要语义搭配合理就可以自由组合的构造特点，体现出中国人习惯于综合、概括的思维方式，往往首先从整体上去把握事物特征，通过直觉体验领悟。

　　许慎在《说文解字·叙》中说："文字者，经艺之本，王政之始，前人所以垂后，后人所以识古。"[1]他对文字的这一评论，既说明了文字的工具性，又道出了文字还具有传承思想文化的作用。汉字是唯一流传至今的最古老的文字，它历史悠久，具有深厚的文化传统。王宁先生说："汉字是世界上唯一未曾中断使用而延续至今的表意文字系统，可以说，在包括甲骨文在内的每一层汉字共时平面上，都已经积淀了非常深厚的汉字本体历史，以及作为汉字存在背景的社会文化历史。"[2]他曾以汉字与烹食文化的关系为例，论述汉字携带着五个方面的烹食文化信息：（1）汉字的原始构形理据；（2）汉字形体发展演变的脉络；（3）汉字个体字符的存亡史；（4）汉字适应汉语造词而分化孳乳的轨迹；（5）汉字的构形表义系统。汉字作为汉语的符号书写系统，可以说是一座蕴藏着丰富文化的金矿，它不仅本身就具有丰富的文化内涵和审美价值，而且书写了浩如烟海的文化典籍，衍生出精深繁复的文化现象。我们以汉字构形为例，很多基本的汉字都表现出字形建构中的人本倾向。如"大"取人的正立之形，"天"为人的头顶，"央"为人立门框中，"好"取女人抱子之状……整个汉字的精神，是从人（更确切一点说，是人的身体全部）出发的，一切物质的存在，是从人的眼所见、耳所闻、手所

---

[1] 赵荣鑫.《说文解字》考释方式与释义之误[J]. 濮阳职业技术学院学报，2022，35（4）：3.
[2] 赵芳媛. 从汉字构形看上古舞蹈文化——"無""武""舞"为例[J]. 北京舞蹈学院学报，2020（2）：11.

触、鼻所嗅、舌所尝得出的。这充分体现出中国人的主体投射更倾向于自身，喜欢通过自我认识、自我体验、自我感悟来认识世界、穷尽万物，属于典型的"内向思维"哲学倾向。又如汉字结构类型基本是以二合为主，或左右，或上下，或内外，贯彻结构对称平衡的原则，而结构平衡又是汉民族文化表现的一个显著特征。在这种二合为主的构形特点中，又不排斥三合结构，如"晶、鑫、淼"等，这表明中国的辩证思维习惯于合二为一，区分主从，但又能随机应变，不讲究形式逻辑。由汉字出发，还产生了许多特有的中国文化现象。如利用汉字形体结构的变换、嫁接、取舍、拆分、组合等手法，可以制作字谜；在诗文楹联中通过析字、联边、叠字、复字、多音等手段，形成匠心独具、回味无穷的艺术风格；汉字还与中国民间信仰、姓氏文化、实用艺术、现代广告等相关相连，不仅与汉语语言系统相适应，而且同汉民族的思维方式、文化模式也融为一体，经过几千年的发展演变，其文化个性依然存在，并展示出强大的生命力。世界上最古老的文明古国如埃及、亚述、中国，最初的文字都是以图画代表事实为前身的象形文字。经过6000多年的发展，唯有中国的汉字至今还保留着书画同源的特点。究其原因，恐怕与汉民族的文化精神不无联系。汉字中指事、会意、象形、转注、假借字都是在象形文字的基础上发展起来的。在汉字教学中可以通过形体分析和演变过程，让学生通过我们祖先造字时形象思维特点，了解汉民族文化的形象思维规律。在教学中如能从文化的角度去感受汉字的本质特点，加深对汉字所记录的意义的理解，就可以找到一条把汉字与汉民族文化贯穿起来的线索，使汉字的学习不再孤立。

我们以语言的方式进入世界，这个世界是经过我们的语言认知经验重新编码的。但是语言认知不能与概念认知完全对等，在实际的认知过程中，人们使用或者接受一个语言概念，往往通过对这个概念现成意义的情感介入、文化介入和价值重建来重新接近主体的认知对象。汉语不仅是一种语言系统，更是信息丰富的文化代码。如果说语言仅仅是工具，仅仅是可以做技术分析的形式，看不到语言形式的文化规定性，看不到语言与民族精神的结构通约，我们就无法深刻地把握语言的本质，也就失去了一条通向民族文化心理结构、通向民族心灵深处的重要途径。因此，对外汉语教学应该对汉语的文化品格和文化特质加以观照和阐扬，如果只是简单地进行语言的训练而把其中蕴含的文化特质丢弃了，就无异于"买椟还珠"，以干瘪的知识取代了灵性的文化意蕴。汉语不仅仅是一个"交际工具"，从根本上讲它还潜隐着中华民族的思维逻辑和精神特征，语言文字凝聚沉淀和氤氲化生着民族文化。强调对汉语文化特征的把握，是积极有效地开展对外汉语教学的重要保证。

二、文化是影响学生汉语学习的重要因素

文化作为一种社会现象和历史现象，具有民族性、区域性和时代性的特点，不同文化之间呈现出不同的文化形态，这种文化形态的差异反映到语言层面上，就会表现出语

言的差异。语言包括语言的使用方式在内，都不能离开文化而独立存在。哲学家卡西尔认为，人类文化的发展是和表达文化的媒介——符号紧密相连的，文化的发展实质是符号的发展。因而语言绝不仅仅只是工具，它影响着人们的价值观念，语言所表述的内容一定是与那种语言的整体背景，也就是那种语言所显示的文化世界密切相关的。所以语言的学习并不是把语言所表述的表面内容掌握好就行了，而是学习者要进入到那个整体性的语言世界中去。

基于文化对语言习得的影响，"文化合流理论"在第二语言习得理论中应运而生。"文化合流理论"强调第二语言的获得与第二文化密切关联，所谓文化合流，用舒曼的观点说，就是指一种逐渐适应新的文化的过程。第二语言的获得是文化合流的一个方面，一个人将自身文化与第二文化合流的程度决定了第二语言习得的成败。文化合流理论强调第二语言的获得是由学习者与所学语言的文化之间的社会及心理距离所决定的。社会和心理因素决定了学习者使用或接触多少第二语言，在学习者社会距离大的情况下，学习者只能接收少量的语言输入，当心理距离大的时候，学习者不可能将所听到的第二语言应用在自我表达中。"文化合流理论"的提出顺应了当今世界文化发展的时代趋势，把"文化认同"作为第二语言习得的着力点，强调第二语言学习者与第二语言文化的社会距离和心理距离是第二语言习得的关键。它对第二语言获得的动力机制和获得过程中的洋泾浜化现象做出了独到的解释，为第二语言教学理论和实践的深入发展做出了突出的贡献，成为最具影响力的第二语言学习的研究理论之一。

在这些理论观点的影响下，世界各国在开展语言教育的同时，都不忘文化的传播和交流。美国必须教育学生从语言和文化上武装起来，以便能在21世纪多文化的国际社会上进行成功的交流。其具体标准可以用五个"C"来概括：（1）Communication（沟通）。要求学生的外语交际能力能够参与对话、提供和获得信息、表达情感、交流思想，能够理解和阐释多种话题的书面和口头语言，能够与听众和读者就广泛的话题交流信息、观念和思想。（2）Cultures（文化）。要求学生能够理解所学文化的风俗与观念之间的关系，能够理解所学文化的产物与观念之间的关系。（3）Connections（贯连）。要求学生通过外语学习巩固和进一步获取其他学科的知识，能够获取信息并鉴赏只有在外语及其文化中才有的独特观点。（4）Comparisons（比较）。要求学生通过比较所学语言和本族语言理解语言的本质，通过所学文化和本族文化理解文化的概念。（5）Communities（社区）。要求学生能在学校内外都使用外语，并把学习外语当作获取乐趣和充实自我的手段，使学生成为终身的外语学习者。这是美国衡量一项外语教学是否成功的最权威准则。这一标准的制定，是基于有关语言文化、语言文化学习者以及语言文化教育的基本设想，这五项标准均与文化直接或间接相关，充分显示语言教育是文化学习的重要途径和语境。这些标准的发布改变了以往以语言知识为核心的教学理念，强调在文化适当的情境中整体地使用语言，反映了在全球化背景下第二语言学习的最新趋势，代表了新型外语教育的新理念,对外汉语作为外语的教学同样具有指导意义。

但是,在对外汉语教学中,长期以来,人们将注意力集中在语音、语法、词汇等语言知识的传授上,忽视了中西方文化的差异,将语言与文化截然分开,致使外语教学重语言形式,而严重脱离文化语境,忽视目的语文化的民族特征,将母语文化习惯和文化模式套用到所学语言上去,从而发生文化干扰(即母语文化的负迁移)。对外汉语的教学对象是一个特殊的群体,他们来自不同国家、不同地区和不同民族,有着迥异的母语特征、文化背景和民族心理,在思维方式和认知风格上都存在着不同程度的差异。如果学习者忽略文化的存在和不同语言间的差异性,就会造成对汉语所承载的文化信息不同程度的缺失或误解,最终影响到汉语的掌握。语言既是人类交流的重要工具,也是人们思维的重要标志,是教学的起点和基础,但语言同时也可能成为人类有效交流的障碍,成为人们思维的陷阱,成为教学的迷宫——使师生的理解失误、行为失度。这种理解的失误和行为的失度很多时候就来自于文化的影响,因而,对语言的理解要以特定的文化背景为依据。

在对外汉语教学中,学生学习汉语,文化上的差异会影响讲话人和听话人对语言的选择和理解,影响着语言的得体运用。如在《阿Q正传》中,小尼姑骂了阿Q一句"断子绝孙的阿Q",便使得他精神恍惚、想入非非。许多外国学生都对此大惑不解,因为他们不明白传宗接代、生儿育女在中国人眼中是关乎家族孝道的重大责任,因而也无法理解这句话在阿Q心中引起的波澜。语言的文化属性决定了语言学习的过程实际上是理解、消化和融合不同文化的过程,如果仅仅封闭在语言符号系统之内,或者停留在语言知识的掌握和技能的训练层面,而把其文化的负载全部丢掉,那么语言能力的提高、语言学习的成功则无从谈起。因此在进行对外汉语教学中,为使学生顺利传递并接受信息,就必须提示隐伏在语言背后的引起误会和文化冲突的因素,找出并正确理解这些文化因素,自觉调整自己固有的语言习惯模式和传统文化理念,以免交际双方不自觉地把对方的信息进行主观的"砍削",错误地将自己的理解强加给对方。

很多学习汉语的留学生来中国之前,对汉语和中国文化都知之甚少,语言和文化上的巨大差异往往让他们无所适从。就汉语而言,它属于汉藏语系,与世界上其他很多语言的亲属关系都比较远,对大多数外国学习者来说是一种陌生的语言,是"真正的外语",汉语所代表的中国文化更显古老神秘、难以理解。文化决定着人的存在,它以最深刻和最微妙的方式影响着人们的行为,这种影响是隐含着的,所以本族人往往"习焉不察",只有通过语言和文化的对比研究才能发现其特征并揭示出文化差异、规律。因此,只有将语言的学习放在文化的大背景下,才能更好地培养学生的汉语语言能力。

来中国学习汉语的外国学生大部分是成年人,是生活在不同文化环境中的个体,受到教育所选择的文化影响的个体被赋予了某种独特的"文化遗传基因",当他们进入到一种新的文化环境中，学习另一种文化群体的语言并与之交往时，就难免会受到这种"文化遗传基因"的影响，产生有别于汉语语言和文化的各种心理行为。因而在学习汉语的过程中，这些母语文化的主体认知图式必然跟汉语及其所代表的文化产生种种联系和碰撞。这种母语文化的影响，如果起到促进作用，能帮助学生更好地理解汉语；如果起到干扰作用，就会对汉语的掌握产生障碍。汉语和其他语言在文化上的差异，往往是导致语言障碍产生的主要原因。

汉语处在中国文化的高环境交际中，按照美国文化人类学家霍尔在《超越文化》一书中所说的那样：高环境交流突出提前编制好的信息，这样的信息是在受信者身上和背景之中储存着的，传达出的讯息中却只包含极少的信息，而低环境恰好相反。大多数信息必须包含在传达出的讯息之中，以弥补语境（上下文）中失去的信息。汉语的高环境交际特征明显，弥漫在各语言要素中，仅汉语语言中语汇种类的丰富性和其内涵的复杂性，在词汇意义和使用上的差别就往往让很多外国人到了抓狂的地步。有这样一个笑话：有一老外来华赴任，受邀吃饭。中途，同席一中国人说"去方便一下"，老外不解，旁人告知"就是去厕所的意思"，老外点头，记住了。敬酒时，另一人说希望下次出国能给予方便，老外纳闷不敢问。突然一电视台美女主持说在她方便的时候安排老外做专访。老外惊问："怎么能在你方便的时候？"美女主持笑着说："那就在你方便的时候。"老外当即晕倒。虽然这只是一个笑话，但其中所隐现出来的汉语语汇的复杂性和汉语的高语境文化特征由此可见一斑，如果外国学生不了解这些语言背后的文化意义而想要学好汉语，那是不可想象的。

有的时候，即便拥有了一定的语言知识和技能，但由于缺乏文化的理解和支持，也会造成言语交际的障碍，甚至引起误解和冲突。一个真实的例子：有一位留学生汉语说得挺标准，一次在路上碰到一位50多岁的大学女教授，竟然称呼其为"大妈"，使得对方及其同行的女儿很不高兴。因为这位外国学生不知道，"大妈"这个称呼在中国人的文化意识中除了指年长的妇女，还含有一点儿文化层次不高、形象较为土气的意味在里头。这种"超语言"的文化信息，是无法通过词汇表面意义的对应来弥补和消除的，必须借助跨文化交际能力的培养才能获得。汉语说得越标准，如果在交际中使用不恰当、不得体，越容易在交际中造成文化冲突。因此，要成功地进行语言交际，除了要有正确的语言形式外，还必须遵循话语形式的适切性、得体性，文化对语言的学习起到了制约性的影响作用。

由此可见，语言学习的成功与否并不完全取决于语音的纯正和语法的正确，语言能力的获得，除了要会采用正确的语言形式外，还必须理解语言知识背后的文化意义，遵循语言使用的适切性、得体性，这种能力的形成和发展与对文化的理解和表达是分不开的。在留学生来源迥异的对外汉语课堂上，学生的母语多种多样，所携带的文化信息更是纷繁复杂，在他们的汉语学习中总是或多或少带有自己母语文化的烙印。汉语学习者在交际过程中，总是不可避免地植入了本民族的文化价值、思维方式、语言习惯等。考察中国文化对汉语学习的影响，对对外汉语教学是有积极意义的。在当前对外汉语教学实践中，人们都普遍意识到仅仅拥有语言层面的知识和技能是远远不够的，文化差异反映在语言中，语言因不同文化产生了不同的语言意义和使用规约。因此，为了避免和减少这种失误，要注意对比汉语与学习者母语的特点及规则，注重培养学习者对汉语文化知识的理解及汉语使用的特殊文化规约。

三、文化教学有助于激发学习动机和兴趣

文化作为汉语语言学习中的一个重要组成部分，不仅对汉语语言的理解和运用产生重大影响，还影响着学生汉语学习的动机、兴趣等学习心理。语言的学习其实是一个相当枯燥的过程，语言的熟练操作必须通过大量的练习才能获得，乏味的内容和重复的操练很容易使学生形成精力耗损和倦怠心理，对语言学习活动的热情逐渐丧失，从而产生消极的态度。在对外汉语教学中，汉语语言的复杂，文化环境的陌生，常常让许多外国学生感到无比的沮丧，丧失汉语学习的积极性，加上有的国家学生受到文化背景差异的影响，学习的主动性和努力程度都不尽相同，如何激发学生的学习动机，培养学生的学习兴趣，就成为摆在很多对外汉语教师面前的难题。

动机是指激励人产生某种行为的主观原因，是个体发动和维持其行为的一种心理状态。学习动机是直接推动学生努力学习的内在力量，只有激发学生的学习动机才能调动其学习的积极性和主动性。

第二语言习得的动机是学习者在学习一门新的语言时，产生了掌握这门语言的强烈愿望，这种学习动机的强弱对第二语言习得有重要影响，而动机的强弱又和学习者对第二文化所持的态度密切相关。有调查表明，在第二语言学习的诸多影响因素中，学能占33%，动机占33%，智力占20%，其他占14%，动机在语言学习中的重要作用不言而喻。

从当前外国留学生学习汉语的动机来看，绝大多数学习者是出于实用动机的驱动。学者曾经对国内五所具有代表性的高校留学生进行过一次汉语学习情况的调查，在接受调查的近三百名学生中，其汉语学习目的主要包括以下几种情况：（1）工作需要；（2）生活需要；（3）对中国文化感兴趣；（4）为学习其他专业打语言基础；（5）了解中国。在这五项学习目的中，有三项均出于实用动机，占到了调查人数比例的93.6%。单纯出于归附动机而学习汉语的人数实际上非常少，归附动机往往是伴随着实用动机而产生的，是在实用动机的驱动下受到某些因素的影响，进而产生归附动机。即便是对那些把汉语纯粹当作工具来看待的学习者而言，要掌握好汉语这个语言工具，也不可能对文化的问题完全不管不顾。

对于一名来到一个陌生且迥异的语言文化世界的外国学生而言，不管是生活上还是学习上必然会产生一定程度的不适应，这种不适应达到一定程度就会产生"文化休克"

现象，或抗拒目的语文化，或对其采取逃避心理，最终影响到语言的学习。因此，从强化学习动机的角度对学生进行文化的教学，便于突破母语文化的思维定式和对异文化的成见，减轻文化震荡对学生的冲击，是一个颇为有效的办法。而且枯燥乏味的语言学习与训练，因为有了文化的渗透和充实，语言会变得更加丰满，学习过程也会更有乐趣。

我们以汉字为例来说明。汉语难学，汉字尤其难学，几乎已成世界公论。对于许多习惯了拼音文字的外国学习者而言，汉字难认、难读、难写、难记，一个个方块字就如同一幅幅神秘的图画，让他们大呼头痛，无所适从。但是如果我们在汉字教学中适当利用汉字的文化内涵，运用一些文化教学的方法，就可以化难为易，化繁为简，培养学生的汉字学习兴趣。如汉字中很多字形义之间具有较密切的联系，对外国学生而言，汉字字形表意神秘而有趣，从汉字的字形入手，讲解字形和字义之间的联系，能激发学生的兴趣，让学生感受到汉字字形表意的魅力。例如，教"既／即"这一组音近形也近的汉字，就可以利用这两个汉字的古字形，帮助学生理清它们的形义差别。"即"的古字形左边是一个盛放食物的器皿，右边是一个人面对食物跪坐着，表示的是开始吃饭；"既"的古字形左边也是一个盛放食物的器皿，右边是一个人背对着食物坐着，意思是已经吃完。通过这两个汉字的古字形，学生明白了"即"表示马上开始，"既"表示已经完成，因此，"立即"是要开始的意思，写作"即"，"既然"是已经完成之义，要写作"既"，这样一讲，学生不仅对"立即"和"既然"的意思区分得很清楚，而且这两个汉字也不容易写错。利用汉字的文化特性进行教学，学生听起来兴趣盎然，也无形中对汉字特点有了更深的认识。又如我们可以抓住汉字"独体组合，构成新字"的特点，利用中国传统的韵语识字法，编成一首首形式短小、内容浅显的歌谣或顺口溜，教学生诵读识字。如"走过山石岩，到了白水泉，几勺鱼羊鲜，口中舌甘甜"，这样朗朗上口的韵语歌谣，既体现了汉字构字的特点，联系了生活语境，又富于节奏，生动有趣，便于联想和记忆。由上可见，恰当地引入文化的内容和方法去教外国学生学习汉语，能化解汉语学习中的难点，激发学生的学习兴趣，不失为对外汉语教学的便捷途径。

底蕴深厚、新颖独特的中国文化对外国学生充满着吸引力，我们在对中国学汉语的外国学生所做的调查中发现，虽然大多数外国学习者学习汉语的目的是以汉语为工具，从事与中国有关的职业或工作，其职业目的各不相同，但他们都有一个共同的愿望，那就是了解中国，对中国文化感兴趣。很多学习者希望借助汉语学习深入了解中国的文化。也就是说，学习汉语的实用性动机和他们对中国文化的兴趣并不相矛盾。而且外国学生往往对于中国文化的兴趣面非常广泛，中国的政治经济、人文地理、价值观念、思维特征、传统风俗、民族风情……几乎都想了解，各异其趣。很多外国学生都是已经具有一定知识结构和认知能力的成年人，往往学习兴趣浓厚，求知欲望极强，思维非常活跃，因而对文化的反应更加敏感和强烈。他们在学习汉语时，往往并不受语言水平的限制，在汉语学习的初级阶段，就伴随着对汉语文化背景和中国文化现象的好奇和探索。

如他们在课堂上学了"你好""再见"等这样的打招呼方式,用了以后就会有学生觉得奇怪:"为什么我这样对中国人打招呼,有的人并不回答?"还有的学了"您贵姓",就会提出疑问:"为什么只问姓?""前面为什么还要加个'贵'字?"除此以外,"为什么有的中国人不是老师,我们也称呼他为老师?""中国人过春节为什么要放鞭炮?"如此等等。他们虽然掌握的汉语并不多,但上述很多问题已经涉及了中国交际方式、文化传统、风俗习惯等多个方面。

兴趣是学习最好的动力。学生有了学习的兴趣,才可能产生学习的动力来源和心理依据,才会自觉、自愿地进行知识建构,才能产生较为理想的学习效果。对对外汉语教学而言,对文化习得的兴趣不仅是学生学好汉语的动力保证,也是提升学生文化素养的重要策略。一方面,学生带着文化的兴趣去接触汉语的汉字、词汇、语法,或者汉语的语用功能,就更容易理解这些语言知识,运用这些语言知识能做什么,进而会关注应当在何时、何地、如何运用这些语言知识,有利于学生跳出"语言工具论"的简单思维。另一方面,文化的建构不是空洞的存在,必须落实到具体的言语活动中。对外汉语教学中的文化构建是以言语活动为中心展开的,注重学生在言语活动中把握和运用文化信息。这样,在需求与实践的统一中,在学生为满足需求而参与的言语活动中促进了文化的建构。当然,有时学生对文化的兴趣不一定自发、自觉地产生,因而需要教师在教学过程中适时引导、激发学生的学习兴趣。当教师能发掘学生内在的文化需求,并在实践中激发学生主体参与的学习动机,在内在需求与外在动机的双重作用下,进而顺利完成学习任务,既使学生的需求得到了满足,又能产生外在的成就感,言语活动就能得以高质、高效地进行,文化建构也落到了实处。

对外汉语教学的实践也表明,从文化入手,借助中国文化的魅力来跨越语言上所存在的巨大差异,能产生更好的学习效果和对学生持久的影响力。一位留美中国学生借助中国民歌、民族舞蹈、书法、武术、传统节日等文化内容和活动方式来教国外学生学汉语,仅仅通过三个星期的汉语学习,让学生从"一看见汉字就头晕",到"享受课上的每一分钟""想在高中选修中文课",不得不让我们惊叹中国文化对于汉语学习的无限魅力。因此,一种语言的魅力其实并不在于语言本身,而在于它所代表的文化。在语言学习中适当导入一些文化内容不但可以增强课堂教学活动的趣味性,还能促使学生积极采用目的语进行表达,从而提高语言学习兴趣。很多对外汉语教师都有类似的实践体会,在教学中发掘一些与学生兴趣相关的文化点切入,能收到良好的教学效果。如,有的老师讲到"乐器",就介绍了几种主要的中国民族乐器,并在课后让学生观看一场中国民乐演奏会,那些中国特有的琵琶、笛子、古筝、扬琴等乐器表演给学生留下了深刻的印象;讲到民歌,有的老师就介绍《茉莉花》这样优美动听的中国民歌,讲解歌词,哼唱歌曲,学生兴趣盎然,觉得十分美妙;还有的老师讲解某些中国汉字,借助汉字丰富的文化内涵来理解汉字的意义,让学生觉得特别神奇。点点滴滴,带给学生的是一种文化的感受、文化的体会、文化的理解，不仅可以加深学生对语言知识点和课文内容的理解，而且能够扩大他们的知识面，受到学生的普遍欢迎。通过展示中国民族文化和艺术来教汉语，更能营造和谐、平等、活泼的教学氛围，也更能让学生对中国文化及其存在形态产生浓厚兴趣，积极主动地参与到汉语学习中来。因此，打破对语言纯"工具化"的认识倾向，增加语言学习的文化内涵，使学生在语言学习中有意识地习得文化，有助于实现学生汉语学习质的飞跃。

综上所述，渗透在语言之中的文化特质直接影响语言的构成、理解和表达，只有将这些文化的内容传递给学习者，才能保证语言表达和交际行为不会被误解。对汉语的学习和理解不能靠单纯的语言知识讲解和语言技能训练，而要循着汉语中的文化因素，进入汉语提示的文化语境中去，在学习的诉求、文化的融通中获得情感的荡涤和心灵的交会，从而去感受和领悟汉语言文字所表达的文化内蕴和情致意境。从这个意义上讲，汉语的学习必然地要求文化的加入。

第二节　当今时代的发展需要文化的教学

随着全球化的深入发展，世界被浓缩为一个"地球村"，不同国家、不同民族的交流和互动越来越频繁。无论是从中国自身的发展看，还是从世界的和谐发展来看，汉语和中国文化的推广既是世界了解中国的需要，也是中国走向世界的需要，对提升中国国家影响力、促进中外多方交流和实施中国文化发展战略都发挥着重要作用。任何一门语言的对外推广，都大大超过了语言本身的发展价值。与军事强势和经济强势相比而言，语言和其所裹挟的文化强势，其影响要更为持久和深广。汉语作为中国的官方语言，在国际经贸往来与文化交流中发挥着越来越重要的作用，在国际上的地位也不断提升。但是，我们也应该清醒地意识到，汉语国际推广的真正实现不能仅靠行政力量和政治手段去推动，只有当我们具有坚定的文化自信，自觉地用文化的魅力带动语言的推广，才能真正实现语言和文化的强盛，在世界上赢得更广阔的发展空间。

对外汉语教学在推广我们的汉语、传播中国优秀文化传统的同时，也要主动汲取世界上其他文化中的优秀成分，补充到本国文化中来，更要站在国际理解教育的高度，增进不同文化背景、不同信仰和不同区域的人们之间相互了解和宽容。对外汉语教学是一个难得的多种文化交汇且又交流地位相对平等的平台，利用这个良好的平台，我们可以培养学习者在对本民族主体文化认同的基础上，尊重、了解其他国家和民族文化的基本精神和风俗习惯，学习、借鉴与不同文化背景的人们平等交往、和睦相处的修养与技能，探讨全人类共同繁荣与发展的价值观念。因此，对外汉语教学不仅要大力推广汉语，弘扬中华民族文化，加强国际文化交流，增强中国文化的影响力，也要通过与各民族文化的交流和沟通，促进世界文化多元发展，消解西方文化霸权，通过文化之间的和谐互动推进时代发展和进步。

一、全球化背景下文化问题的日渐突出

随着资本主义的世界扩张，现代科技的日新月异，全球化已发展成为一股势不可挡的社会浪潮，它波及政治、经济、文化等人类生活的各个领域，是世界各国建立在金融和生产一体化基础上的社会同质化过程。虽然目前还没有一个普遍认同的全球化定义，也没有形成行之有效的全球化模式，但全球化趋势正在不断推进且不可逆转，已是不争的事实。人们发现，在那些貌似自主和不相干的领域之间有着隐秘的联系，通常认为只是孤立的和依次发生的事件原来是事物的有规律的变化和有着某种内在的关联，它们具有一种全球性的特征，这种全球性正是它们的唯一根源。

在资本的全球化态势下，跨国人际交往日益频繁，政府官员的互访、企业管理人才的流动、劳动力的输入与输出、专家学者的学术交流、民间的观光旅游等跨国人际交流活动大大增多。在这种情况下，过去那种地方的和民族的自给自足和闭关自守状态，被各民族的、各方面的相互依赖所代替了。物质的生产是如此，精神的生产也是如此。人作为文化的活动载体，在流动中实现着民族文化的传播，带来了不同文化之间的交流互动。加上信息技术的高速发展，计算机、互联网、卫星通信等现代科技手段广泛应用于日常生活，使文化的交流可以克服时空的限制，直接冲击着不同国家、不同民族、不同地区的生活方式、思想观念和价值取向。因此，全球化态势使世界范围内的文化交流达到空前发展的规模，世界文化的全球交往已成为普遍现象，文化全球化初现端倪。离开文化，全球化的产生和发展就得不到合理的解释，从根本上来讲，全球化正是产生于工业文明文化模式的发展。在文化全球化的发展趋势下，世界各国文化体系相互交流和影响的程度也大大增加。置身于多元文化的背景下，本国文化的价值思想、思维方式、心理模式、审美标准等和异国文化交织在一起，相互激荡，异彩纷呈。

全球化给人类社会带来了深刻的影响和变化，但它是一把双刃剑，既是加快经济增长速度和传播新的科学技术的有效途径，也会在一定程度上对国家主权和当地文化传统造成侵蚀。从某种意义上讲，全球化进程实际上是西方资本主义政治、经济、文化等向全世界渗透和蔓延的过程。由于西方资本主义国家在金融投资、科学技术、信息网络等领域的优势明显，因而在资本、人才、信息等的跨国界流动和配置中多为输出的一方，而这些要素的输出又会在不同程度上带来他们的文化和价值观，从而影响到其他国家和民族的文化发展态势。

在全球化为世界文化的多元发展带来千载难逢的机遇的同时，我们也看到，文化全

球化所引发的并不是各国文化之间真正的文化交流和互动,而是西方强势文化对其他弱势文化的渗透和挤压。强势文化与弱势文化是学术界用来描述当前世界文化形势的一对新概念,它实际上反映的是当代世界文化力量的一种对比关系或存在性状况。强势文化和弱势文化的区分不在于一种文化的历史是否悠久,也不在于这种文化的价值是高是低,而是看这种文化在世界范围内的影响力和传播力的大小,而一种文化的影响力和传播力又取决于这种文化的所有国在政治、经济、科技、军事等领域的强大与否。在全球化浪潮的冲击下,如何推广本国和本民族文化,使本国文化能在世界多元文化格局中占据重要地位,促进世界多元文化正常的交流互动,是摆在诸多国家和民族面前的一项重要任务。

二、弘扬中国优秀文化需要文化的教学

前面我们已经论述到,在当今全球化背景下,文化的重要性已经日渐凸显出来。文化与政治、经济相互交融,在综合国力竞争中的地位和作用越来越突出,文化深深地熔铸在民族的生命力、凝聚力和创造力当中,显示出强大的精神力量。在文化的交流过程中,各个国家都试图通过文化软实力的提升来获取更多的国家利益。从国家软实力的建设来看,文化是一个国家软实力的标志,它在国际竞争中扮演着举足轻重的角色。一个国家文化软实力的高低,取决于该国在国际社会所获得的文化认同感和影响力的大小。一个国家、一个民族的文化传播能力是体现国家整体实力和民族精神的重要标志之一。能否抓住机遇、主动出击,传播自己的文化,既是民族文化发展与推进战略的必然选择,同时也是一个国家通过其优秀文化展示自身文明发展成果的重要选择。因此,当今世界各国,无不注意其民族文化的传播,努力开拓和丰富其文化传播途径。

借助民族语言来推广本国文化,已成为很多国家加强文化软实力建设的重要途径,有的甚至把推广本国语言和文化列入国家的外交政策和文化政策之中。美国、日本、英国、法国、德国、俄罗斯等国都设置了专门的语言(或文化)传播机构,把传播本国文化、促进文化交流作为机构的设立宗旨和工作内容。语言文化软实力能够于无形中影响他国的意愿和决策,因此,当今世界各国才会不遗余力地向外推广自己的语言和文化。语言文化传播的事实也表明:语言文化的推广程度与一个国家的发展水平是相辅相成、相互推动的。一个国家的语言和文化得以广泛传播,首先要以这个国家的政治、经济、军事等的发展为前提,而当一个国家的语言和文化在更为广泛的领域得以使用和接受,又会对这个国家的后续发展提供有力的支持,这种支持将持续不断、长期存在。

利用对外汉语教学推广中国文化不仅有助于中国与其他各国的文化沟通,有助于增进世界各国对我们的了解,树立良好的国家形象,同时,还能提升我国语言文化软实力,保障国家文化安全。作为一个学习汉语言文字多年、对祖国语言文化有着深厚感情的人,我们要推广自己的语言和文化,在向世界教授汉语的时候,就不能仅仅把它当做

工具来介绍，还要承担起向世界传播中华文明的使命。作为处于文化推广前沿阵地的对外汉语教学，我们要具有世界的眼光，在语言的教学中自觉推广中国文化，以中华民族文化深厚的底蕴为支撑，保持和提升中国文化在世界文化之林中的价值，使千古厚积的东方智慧在人类文明中保持自己的一份精彩。也只有这样，才能适应和满足世界各国急速增长的汉语需求和学习热情，加强和增进与各国人民之间的友谊合作和文化交流，语言流动的辐射范围才能更广、影响才会更深远。从这个意义上讲，汉语的国际推广和文化传播是实现中华民族伟大复兴的战略举措和标尺。

语言是一种特殊的文化力量，其间所隐含的中华民族文化和精神，能成为一种内隐的文化竞争力。当中国成为世界发展越来越强大的参与力量，在国际社会发挥着越来越重要作用的时候，它为中国语言和文化的传播提供了可靠的保证。汉语语言已成为展示中国悠久文化和当代发展成就的媒介，它正以其特有的魅力散发出迷人的光彩。一些国家已经将汉语教学纳入其主流教育体系当中，如在日本、韩国、美国、加拿大等，汉语已被列为大学入学考试的外语科目之一。发展的中国正以它独具魅力的悠久文化、蓬勃旺盛的经济活力和与世界同步的发展态势吸引着全世界关注的目光，对外汉语教学也迎来了自成立以来最难得的发展机遇。如果说过去的对外汉语教学主要是把留学生"请进来"，且曾有相当长的一段时间仅把对外汉语教学作为纯粹的语言教学来处理的话，那么，现在的汉语国际推广则是我们主动"走出去"，让世界更方便而真切地了解中国的历史与现实、中国的社会与生活、中国的经济与政治、中国的文学与艺术。这就不仅仅是纯语言的问题、工具的问题，更是一个文化的问题。世界不同的国家、民族不断加深对包括中国文化在内的其他国家、民族文化的了解与认识，才能促使全球范围内不同国家和民族对异文化的理解与包容。

在这样的时代发展背景下，我们要抓住有利时机，大力支持汉语走向世界，实施中国文化"走出去"战略，为中国的发展赢得更大的空间。将汉语的推广与中国文化的传播有机融合，适时调整对外汉语教学的发展策略，建立以语言知识掌握和语用能力提升为浅层目标、以文化传播为深层目标的教学机制，大力提升汉语在世界语言体系中的国际竞争力。培养喜爱、欣赏和认同中国文化并致力于中外文化交流的友好力量，理应成为对外汉语教学未来工作的发展方向。

中国拥有5000年悠久灿烂的文明史，中华民族的优秀传统文化生生不息、历久弥新，自古以来就是许多国家学习和效仿的典范，我国周边一些国家和地区的发展，就是以中华传统文明为根基的。时至今日，我们更应该充分利用好对外汉语教学这个平台，自觉地向世界其他国家和人民介绍博大精深的中国文化，以特有的方式去弘扬本民族的文化。

诚如多位外国学者所言，在人类文明史上，中国文化思想中的"己所不欲，勿施于人""杀身成仁""舍生取义""民胞物与""万物并育而不相害，道并行而不相悖"

等价值观念与西方"毫无节制的生活最快乐""追求个人利益的最大化""人对人是狼,他人就是地狱"等个人利己主义的思想有着本质的不同;中国文化中的"天时、地利、人和"等思想,在今天依然闪烁着光芒,无论是国家治理还是个人治学、理财、管理、谋生,都可以从中发现具有借鉴和指导意义的思想。于是西方的大思想家、大科学家惊呼:西方文明的路子不能再走下去了。他们在比较了各种文明之后,达成共识:唯有中国的传统文化才能拯救人类。中国优秀的传统文化是中华民族先哲留下的一份厚重遗产,它是全体中华民族创造的结晶,它为人类社会提供了丰富的资源,在多元文化的现实社会关系中,被视为具有普遍性意义的"金科玉律"。

因此,对外汉语教学应从中国文化传播的高度,在教学中自觉地将汉语知识教育与中华传统思想文化教育相结合,使留学生逐渐具备中华传统文化思想的底蕴,并将这种思想潜移默化地传播出去。文化价值在对外汉语教学中的彰显,能使它获得更深入、更持久的发展动力。我们必须为来自五湖四海的汉语学习者搭建一个语言和文化交流的平台,展现中国文化的深度内涵和文化精髓,增强他们对中国文化的认同感,提高他们对中国文化的鉴赏能力。这是中国文化走向世界的需要,必然会对中国文化的传承和创新发挥不可替代的作用,同时对我国政治经济文化的发展也有不可低估的现实意义。韩国文化观光部部长曾说:19世纪是军事征服世界的世纪,20世纪是经济发展的世纪,21世纪是以文化建立新时代的世纪。重估中国文化在当代社会的价值,振兴中国文化在当今世界的地位,已经凸显成为对外汉语教学面临的一项迫切任务。正是在这个意义上,"对外汉语教学"已发展成为一项"国家的、民族的事业"。培养正确了解中国、对中国友好、懂汉语的人才,使汉语和中国文化在更大的范围内得以推广,这不仅仅是文化教育领域的事情,更是关乎国家和民族生存发展的大计。

三、世界多元文化发展需要文化的教学

多元文化是人类社会在发展进程中,随着社会结构的不断复杂化、人际交往的日益频繁化、信息流通范围的扩大化而衍生的产物。这是由不同国家、不同民族所处的不同地理位置、地理环境所造成的,是由世界各民族的不同文化长期积淀、发展而形成的,也是事物发展多样性的必然结果。经济和科技的快速发展,带来了全球范围的贸易行为和国际生产的空前发展,经济全球化已成为当今世界发展的时代主题。作为上层建筑的文化,不可避免地受到经济全球化的影响,开始在全球范围内迅速传播、交流、互动和整合。

没有什么文化就一定要比其他文化优越,也不能将自己的文化标准强加于其他文化之上。多元文化是人类社会的重要资源,可以造福于子孙后代,有利于世界民族和文化的繁荣与发展。不同的事物聚集在一起新事物才能产生,事物的多样性有利于彼此之间取长补短,而单一性则会导致事物缺乏活力乃至窒息。文化多元化是文化创新和创造的

源泉，人类社会文化的多样性越丰富，人们可供选择的余地就越广，文化创新的可能性也越大。维护世界文化的生态平衡，就像保持地球生物的多样性一样，只有多元发展才能避免文化的濒危，防止走入"特质化"道路。

人类进入全球化时代，随着经济、技术、商业等方面的一体化以及交通、交流工具的现代化，人类活动范围逐渐扩大，人类社会由封闭、半封闭与隔阂的状态转变为半开放、开放与相互交往的状态，社会经济由地方性、自给自足向全球化、多元化转变。历史的进程要求过去的文化孤岛被文化多元所替代，文化的排他性被文化的包容性所替代。不同人类群体间的交流也越来越频繁、密切，文化间关系由相互疏远到相互接近，由相互孤立到相互依赖。文化不仅在时间上被继承，也在空间上不断流动，全球化正在创造着一种全新的文化发展语境，文化的交流、融合与互动正在成为全球化语境中的文化发展模式。不同的文化互相辉映，正逐渐超越各自传统和生活方式基本价值的局限。作为平等的对话伙伴，我们应该相互尊重，并在一种和谐友好的关系中消除误解、摒弃成见，共同探讨并寻求最佳的途径，解决与人类和世界未来息息相关的重大问题。

在文化的全球性与多元性的良性互动中，新的文化机制得以产生，文化的相互沟通促进着文化的生成、拓展与传播。在全球化的大趋势中，对传统的文化模式进行有意义的更新，遵循新形势下文化交流融合的发展模式，才是文化发展顺应时代潮流的明智抉择。

21世纪的汉语对外推广，应主动汲取中国传统思想文化中的精髓，继承和重建"文以载道"的传统，将其有价值的部分内化为汉语学习者自身的人文道德和文化素养。同时，我们也应该消解本国文化中人文精神缺失、道德素养滑坡等所带来的负面效应，以广博的胸怀和极具时代感的远见，吸收其他文化的优秀因子，在多元文化的背景下，实现本国文化的创新。

面对自身文化传统何去何从，面对外来文化何取何舍，如何在一种失范和混乱的状态中寻找归属和平衡，这是当前每一个民族及其文化所面临的问题。明确新时期本国文化存在的价值，并在世界文化中找到本民族文化的席位，积极拓展本国文化的未来发展之路，并为世界文化的多元发展做出应有的贡献，是每一个国家和民族任重道远的使命。语言是民族文化的最重要载体，不珍惜祖国的语言文字，就谈不上珍惜祖国的文化，而一个缺乏文化自豪感的民族是没有希望的。因此，在对外汉语教学中，我们在传播汉语与中国文化的同时，也要尊重其他语言文化，在各民族语言文化平等的基础上，充分发挥中华民族博采众长、兼容并蓄的文化心态，为世界各国人民架设语言沟通之桥，开启文化展示之窗。

对外汉语中的文化教学，要强调在保持文化多元差异的前提下，努力寻求不同文化间的和谐对话和观念共享，以实现文化创新发展的目的。我们要承认文化的"不同"，每一种文化都是人类在不同境况和挑战中积累的独特智慧，都有其存在的理由和独特价值，都应当受到尊重和宽容。当我们在介绍中国文化之时，实际上也是在进行一次文化交往。在表述中国文化的某个方面或存在状态时，可以询问学生他们的文化中有没有类似的部分，让学生加以对比、寻找异同，使学生感到他们的文化处于同等重要的地位。尤其是在涉及历史或当代存在争议的社会问题时，我们应当力求以一种多元的、开放的方式来进行分析和讨论，使学生在立足于本民族文化的基础上，融入新的文化内容，进行批判性学习，从而获得自我文化的发展。当然，受多种因素所制约，加上文化本身的复杂性，一种文化观点，即便是客观正确的思想，也不一定都能得到所有学习者的主观认同。我们主张的是在文化平等基础上的对话，通过对话和沟通，使学生增强文化宽容和文化理解，在新的语境中对自身文化和外来文化加以批判和选择，最终在对已有各种文化的筛选、批判和取舍基础上实现对未来文化发展的设想与追求。

　　我们的目的是要培养所有学生进入多元文化世界的适应力与发展力，也就是要为学习者建构起一个多元文化的教育环境，给每一个学生提供文化选择的权利和机会，消除异文化之间的隔阂与歧视，让所有学生能够正确面对文化的多样性，了解和尊重所有族群包括非主流文化族群的文化，欣赏和理解不同文化族群所具有的差异。在教学过程中，我们尤其要意识到我们施教的对象来自于多种不同文化的社会背景，因而要平等地对待不同的文化个体，尊重不同文化个体所具有的独特经历和文化风俗，通过多种手段，开掘学生的跨文化适应能力和文化发展能力。各种文化只有在不同文化交往中接触到异质文化，并以它作为参照系，才能不断了解自身，摆脱自身文化的消极因素，吸取其他文化价值资源的优秀成果，从而增强本民族文化的生命力和创造力。这就要求我们在文化教学中要保持适当的张力，处理好文化普遍性与特殊性、共性与个性之间微妙的平衡，分享不同文化的成就与贡献，促进不同文化族群之间的有效交流、相互理解、相互认同和相互尊重。

　　融合外来形式，拿出自己的眼光，并不是只看自己，而是也看世界。或者说，并不是只看世界，也看自己。看整个世界，以中国文化的博大胸襟与犀利眼光看包括自己的文化传统在内的世界上所有文化与人类历史上一切文化的全部资源，以中国胸怀、世界眼光，做出独特理解下的独特整合，作为中国文化的进展，也作为对世界文化的贡献。只有以中国胸怀、世界眼光做出了独特整合的文化实绩，才能既是中国的，又是世界的。当我们在弘扬本国语言和民族文化的同时，也能清醒地认识到本国文化的缺点，消解中国文化负面因素的影响，就可以学习和借鉴其他国家和民族在发展过程中积累的有益文化，取其长而补己短。通过自我反省、自我批判和自我超越，我们可以熔铸新型文化体系的内在价值，提升民族文化的精神生命，并培育和催生新的民族文化，最大限度地丰富、完善和发展自己的文化，实现民族文化的理性复兴。

第三章 文化交际与第二语言习得

第一节 跨文化交际的内涵

跨文化交际，也叫跨文化交流，就是跨越两种不同文化的交际，发生在两种不同文化背景的人们之间的交流。不同文化背景既可以是本民族与非本民族，也可以是同一民族中文化背景有差异的人。不同民族、国家的人相互之间的交流是最常见的跨文化交流。

外语教师随时处在一个跨文化交际的环境中。作为一个国际汉语教师，应该能够在语言教学和日常生活中顺利完成和汉语学习者之间的跨文化交际，正确传递中国文化信息与知识，让学习者在学习、使用汉语的同时，也能顺利进行跨文化交际。

跨文化交际包含的内容非常广泛，但基本的内容就是两个：文化和交际。

一、关于文化

（一）文化的定义

给文化下一个定义是困难的，因为它包含的内容太过复杂，文化包含了历史、哲学、地理、政治、艺术、军事、风俗、习惯、教育、科学、文学，乃至价值观、道德观、人生观、世界观、行为方式、思维特点等诸多方面。这也就是虽然学者们一再努力给它下一个定义，但至今为止还是没有得到一个公认的、令人满意的定义的原因。不过这并不会给大家造成困惑，反而使人们对文化的概念有了整体的认识：文化是"人类在社会历史发展过程中所创造的物质财富和精神财富的总和，特指精神财富，如文学、艺术、教育、科学等"。

物质财富是指人类创造的各种物质文明，包括衣、食、住、行所有方面的物质，它是一种带有各自明显特点的，可以直接观察的显性文化。如各地不同的服饰、食物、建筑、工具、器物等，它们表现出不同的风格样式。

精神财富同样带有各自的明显特点，但是，它们属于不可见的隐性文化。因为精神财富主要体现在制度文化和心理文化上，价值观、审美观、世界观、人生观是其主要内容，文学、哲学、政治、艺术是其主要载体。如各文化中待人接物、为人处世的不同，乃至音乐的旋律节奏、绘画的主题等的不同。

物质财富和精神财富互为表里，物质的风格特点背后是精神（特指意义上的文化）在起作用。同样的，物质的风格特点又反过来不断地强化其精神（文化）的特点，最后达到物质和精神的完全融合。例如建筑，中国古代建筑中的对称设计，就是中国文化中庸和谐、不偏不倚、允当适度的体现。中国北方四合院民居的布局更加体现其人伦关系。

（二）文化的特点

文化是一个复杂的系统，主要的特点是：

1. 文化是群体的

根据美国文化人类学家爱德华·霍尔的观点，文化是一个群体的生活方式系统，它是一群人的共享系统。文化不是某个人特有的，而是一群人代代相传后形成的一种相对固定的特质。虽然个人会在某种程度上对自己所处的文化产生影响，但是形成文化的力量却不在个人，而在群体。文化是在互动中产生的，文化就是因为群体互动而生的。

2. 文化是不能遗传的

任何文化都是人们在后天习得的和接受的，文化可以被创造，但不能通过遗传传给下一代。左撇子可以遗传，但不是文化；吃饭用筷子不是遗传的，却是一种文化。

3. 文化是综合的

孤立的文化是不存在的，任何一种文化都是多种文化要素复合的结果。如在建筑中，我们可以看到一种文化中多种因素的复合，如美学、哲学、绘画、科学技术等。

4. 文化是象征的

文化是由一系列象征符号构成的系统，也正因为象征，文化才有具体的展示，才有了能用于传播和交流的意义，世界也才有了意义。例如一种植物，我们中国人叫它"树（shu）"。于是，shu这个声音就和这种植物建立了联系，它象征了这种植物。同样的植物，英国人把它叫tree。在说英语的人群中，tree就是指那种植物了。又如不同的颜色和动物，在各个不同的文化中，它们的象征意义也是不同的。

5. 文化是可以传递的

文化这些象征符号一旦被创造，就会被传递、运用、模仿。它可以代代纵向传递。例如中国人春节时贴对联的风俗已经传了上千年，今后肯定还将继续传下去。它也可以横向传递到周边国家,为其他文化所接受。又如红色交通灯代表停止前进是英国人的创造,现在已经传遍世界,被普遍接受。还有,不同文化创造出来的体育、艺术形式在世界范围内普遍传播,以及一些本为某一民族、某一文化专有的节日却被其他民族、其他文化所接受,都是文化传递的典型案例。

(三)主流文化和亚文化

主流文化,又称官方文化,是一个社会群体中发挥主要影响,被最大群体认同的,受到政府提倡的文化。如某个国家、民族对于男女平等的看法和做法,对教育孩子的看法和做法,等等。

亚文化,又称小文化、副文化、集体文化,是大的文化中由于不同阶层、职业、地域、年龄、性别等差异而形成的小的群体文化。它们属于主流文化所代表的那个大群体,如军队文化、校园文化、城市文化、农村文化等;它们可能有单属于自己的观念和行为,有时还可能会与主流文化有很大的不同。

(四)高语境文化和低语境文化

爱德华·霍尔在20世纪70年代出版的《超越文化》中提出高语境文化和低语境文化的概念。简单地说,高语境文化中,说话者的言语或行为的意义更多地依赖说话者当时所处的语境来表达,信息被包裹在语境之中,甚至语言本身有时都变得不那么重要。说话者的意愿和情感通过环境、场面、气势、过程,也就是通过语境表达出来。

低语境文化恰恰相反,交际双方关注的是双方交流的内容,一切信息都需要用语言或其他交际信号清楚明示,没有弦外之音,直截了当,不需要太关注语境。中国、日本、阿拉伯等属于高语境的国家,而斯堪的纳维亚国家、德国、瑞士等属于低语境国家。

(五)关于文化差异的维度

荷兰心理学家吉尔特·霍夫斯泰德提出了一个测量不同国家间文化差异的框架,这一理论被称为霍夫斯泰德文化维度理论,在世界上有广泛的影响。他从五个基本的文化价值观来考察不同文化间的差异:

1. 权力距离

这个维度指某一文化中的人们,尤其是地位低的人们对不同人在社会的权力分配不平等的接受程度。

2. 不确定性规避

这个维度指一个文化中的人们面对不确定的事件和风险时的回避程度,以及是否通过正式的渠道来避免和控制不确定性。

3. 个人主义与集体主义

这个维度考察某一社会总体呈现出一个关注个人利益还是集体利益的倾向。

4. 男性化与女性化

这个维度主要看某一文化是男性的性质偏多还是女性的性质偏多，同时考察社会中男女性质间的差异程度。

5. 长期取向与短期取向

这个维度指某一文化中的人们抑制当前需求，而将目标放在未来，接受物质、情感的满足推后的程度。

虽然用霍夫斯泰德理论考察各国的文化差异不够精确，带有明显的西方视角，但它毕竟给我们提供了对文化差异进行量化的工具，让我们不再笼统地分析文化的差异。从这点上看，其理论是有价值的。

二、关于跨文化交际

（一）跨文化交际的过程

交际可以被理解成一个编码和解码的过程。首先，信息发出者将一系列文化元素进行编码，赋予自己的意愿、情感、思想，然后向信息接收者发出。信息接收者接到这一串编码后要进行解码，解码就是对接收到的这些象征符号进行还原或解释。在进行解码后，信息接收者还将向信息发出者进行反馈。这样，一次完整的交际就完成了。

在同一个文化中，编码通常可以被较好地解码，不会产生大的问题。但是在跨文化交际中，编码往往不能被很好地解码，最终造成交际障碍。例如，两个中国人在菜市场相遇，一个人说："买肉啊。"另一个会自然地回答："是啊，女儿回来了，买点儿肉包饺子。"但你如果用同样的话问一个在菜市场买菜的德国人，他可能无言以对，不知道你想干什么。"买肉啊"这个编码里包含的"问候""寒暄"信息被错误解码。

（二）言语交际

语言是人类最重要的交流工具，言语交际是用语言来向对方表达我们的意愿、情感的方式。言语交际主体在言语交际活动中会根据交际对象、交际环境等因素选择最合适的言语方式，并在交际过程中随时调整自己的言语行为，以完成交际任务，达到交际目的。成功的言语交际者可以通过言语清楚地传递出信息，清楚地展示自己想要营造的形象，让交际对象产生预想的感觉。不成功的言语交际者就是"不会说话"，言语中传递错误信息，导致交际失败。言语交际受文化影响很大，不同的文化有不同的言语交际形式。

（三）非言语交际

非言语交际是不借助言语进行的交际行为。通常人们通过举止、语调、表情、目光、接触等身体语言进行交流，甚至通过停顿、沉默、空间距离来传递某种信息。除此以外，借助符号也能进行交际，如旗语、信号等。非言语行为在信息沟通中作用巨大，可以修饰言语交际行为，起到加强、削弱或否定言语交际的作用；在某些情况下，还可以直接代替言语交际，完成言语交际所达不到的目的，"此时无声胜有声"。

非言语交际有更鲜明的文化特点，不同文化间的非言语交际形式差异很大。同时，非言语交际语义模糊，容易受干扰，传递的信息往往不够明晰，这些特点我们也要注意。

下面列举几种非言语交际的形式：手势、姿态、服饰、眼神、表情、、体距、触摸、音量。

1. 手势

需要注意的是，不同的手势在不同文化中有不同的意思。中国人认为手心向上招呼人是不礼貌的，如同召唤小狗或挑衅；但在其他一些文化中手心向上招呼人并没有这个意思。握手这个世界上普遍的示好方式泰国的乡村人就相当反感。英国人忌讳四人交叉式握手，据说这样会招来不幸。这可能是因为四个人的手臂正好形成一个十字架的原因。

2. 姿态

身体姿态也有很强的文化色彩。如英国人忌讳有人用手捂着嘴看着他们笑，认为这是嘲笑人的举止。

在泰国，地位较低或年纪较轻的人，应该主动向地位高和年纪大的人致合十礼。泰国人忌讳有人盘足或把两腿叉开而坐。他们忌讳有人用脚踢门或用脚指东西，认为这是有伤风化和不礼貌的举止；忌讳别人拿着东西从他们头上掠过，认为这是极不礼貌的举动，是有意的污辱；忌讳左手服务，认为左手不洁净，令人回想起肮脏的事情，甚至还会怀疑是不轨行为。

印度尼西亚同样不能用左手触碰食物。他们把左手视为肮脏、下贱之手，认为使用左手是极不礼貌的。

在接受别人的馈赠或服务（如倒茶、斟酒）时，中国人通常要起身致谢，而西方人一般都坐着不动。同样，东方国家普遍表示尊敬的鞠躬也并不是所有文化的通例。

3. 服饰

服饰在社交中有很重要的作用。客观地说，现代中国人对服饰在社会交往中的作用认识不足，不少人胡乱穿衣，身着T恤、牛仔裤出席盛宴（典礼、音乐会等）的情形时有发生，这在许多文化中都是失礼的。在有的国家，社交服饰是非常考究的，人们在不同的场合需要穿着不同的服饰。

国外有一些比较讲究的餐厅、饭馆，谢绝服装不整的人入内用餐。有一些公共场所也禁止衣冠不整的人进入。剧院、音乐厅的要求更加严格。在国外，人们在收到宴会请柬时，经常会在请柬的左下角看到注有"正式的""非正式的"或"小礼服"等字样，有时也写着"随意"。这些都说明宴会主人对着装的要求。如果主人没有在请柬上注明对着装的要求，一般的人就会按通常的做法着装。宴会主人在请柬上对着装提出的要求，反映出主人对宴会性质的想法。

4. 眼神

在交往中，眼神也是很重要的方面。如美国人对握手时目视他方的举动很反感，认为这是傲慢和不礼貌的表示。西方人说话或倾听时习惯看着对方的眼睛，意味着尊重和礼貌；说话时不看着对方眼睛会被认为是无礼的。对于比较含蓄的东方人来说，要做到这一点是比较难为情的；因为如果我们长时间盯着一个人，这个人反而会有些不自在。

5. 表情

中国人含蓄、内敛，表情远没有西方人丰富。我们似乎更接受喜怒不形于色的含蓄方式。在我们的文化中，能控制自己的情感，展现给别人一个平静的表情是有修养和坚毅的体现。

6. 体距

人和人的身体距离多远才让双方感到舒适，每个民族的标准是不同的。"私人空间"的原理告诉我们，当人过分接近时，会令人产生不快及焦躁感。"私人空间"变得狭小不足时，会产生压迫感，而使人不能冷静、客观地做判断，甚至会对侵犯者采取攻击态度。我们要了解和体会不同民族"私人空间"的界线。如欧美人同别人谈话时，不喜欢距离过近，一般以保持50厘米以上为宜；阿拉伯人交谈时的距离就近得多。爱德华·霍尔就说过人与人之间有四种空间距离：公众距离，可以达到360厘米；社交距离，120～360厘米；个人距离，45～120厘米；亲密距离，45厘米到零。超过和没有达到合适的身体距离都会感到不舒服。欧美人心理的"私人空间"范围比中国人大，距离也远一些。中国人的文化心理状态使他们将自身空间范围仅局限于身体的本身，范围较西方人小，距离也较西方人近。

7. 触摸

虽然中国人舒适的身体距离和范围较西方人小，但是中国人的身体直接接触却没有西方人多。西方人拥抱、接吻是每日的例行公事，他们也更多地用触摸的方式表达自己的情感，如亲人、朋友间用拥抱表示关怀和爱护。中国人就很少拥抱。成年人的拥抱相当少见，父母与成年子女也很少拥抱。但是，中国人的另一些身体接触方式，如男性间的手拉手和身体接触，会让西方人感到尴尬。

中国人也常常喜欢把触摸孩子的头当成一种喜爱，这在一些文化中很忌讳。泰国和印度尼西亚忌讳触碰任何人的头部，即使是对小孩子。因为头颅被视作人体的最高部分，随便触摸别人的头部就是对他的一种极大的侮辱。泰国人也讨厌西方人平时生活中的拍拍打打的举止习惯，认为这是有伤风化的。

8. 音量

人在不同的交际场合，与不同的交际对象交谈时，音量是不一样的。而不同的音量在某种程度上表现出说话人的修养和态度。在跨文化交际中，对语音的控制要十分留心。西方在语音方面的基本礼仪规范是：与别人进行交谈时，尤其是在大庭广众之前与别人进行交谈时，必须有意识地压低自己说话时的音量；说话的声音最好是低一些，轻柔一些，只要交谈对象可以听清楚即可。在交谈时，特别是在公共场所里与别人交谈时，如果粗声大气，不仅有碍于他人，而且也说明自己缺乏教养。一些中国人在公开的社交场合声音比较大，显得有些吵闹，这有失身份，要注意克服。

总之，每个文化都有自己的交际模式，有约定俗成的习惯，对此我们要有清楚的认识。我们不能以一个民族的文化生活风俗和道德标准去衡量另一个民族的同一行为现象。对于历史文化现象，只要是这个民族习惯的、接受了的东西，应该看作一种正常现象。

（四）文化休克

"文化休克"，又叫"文化震荡""文化震惊"，是20世纪50年代美国人类学家奥博格创造的一个概念。文化休克指一个人身处一个不熟悉的文化环境之中，由于失去了自己所熟悉的文化象征符号和社会交流手段，尤其是语言交际能力的丧失而产生的一种失落、紧张、迷失、沮丧、排斥、无助乃至恐惧的感觉。具体表现是他感觉在这个文化中失去了社会身份，自我认同和人格被降低，生存的能力大打折扣，无能为力。他感觉在这个文化里情感无所依托，于是厌恶周边环境，情绪焦虑低落。

文化休克包括蜜月阶段、沮丧阶段、恢复调整阶段、适应阶段等阶段。文化休克不是一种病，而是一种复杂的个人文化体验，个体差异很大，造成的影响也很不相同。有些人沮丧阶段可以非常短暂，而有的人会持续较长时间。这就需要我们在进入一个新的文化时要有所准备，预防文化休克带来的消极影响。有效的方法有很多，如多了解新文化、新环境，提高自身的语言和文化应变能力，避免产生强烈的文化休克；乐观自信，开放胸怀，在新文化环境中积极参与社会活动，改善人际关系；寻求可靠有力的支持系统，如各种组织或团体、亲朋好友的支持鼓励。

（五）文化适应模式

1. 社会距离因素

社会距离关注的是二语学习者群体和目的语群体的社会关系，包括：

（1）社会主导模式

指二语学习者群体与目的语群体的平等程度（分主导、从属、平等三种情况）。一般认为，两个群体处于平等关系更有助于二语水平的发展。

（2）融合策略

指二语学习者群体对目的语文化采取的态度和做法（包括同化、保留、适应）。当二语学习者接受目的语群体的生活方式和价值观（即同化）时，二语习得效果最好。

（3）封闭性

指目的语所在国在社会设施（学校、医院、娱乐场所）等方面的封闭程度。如果二语学习者群体和目的语群体能共享的社会设施多，封闭性低，则会创造更好的习得环境。

（4）凝聚性

指二语学习者群体内部成员的紧密度。如果二语学习者紧密程度过高，社交圈子过于局限在群体内部，则不利于与目的语群体的交流，会阻碍二语水平发展。

（5）二语学习者群体规模

群体规模越小，越不容易形成内部聚集，有利于二语学习者融入目的语群体。

（6）文化一致性

二语学习者群体与目的语群体文化一致性越高，越有利于二语习得。

（7）群体态度

二语学习者群体对目的语群体持正面态度，有助于二语习得的发展。

（8）打算居留时限

打算在目的语群体所在国长期居住的二语学习者可能更主动融入目的语群体，语言习得更快。

2. 心理距离因素

心理距离关注个体学习者对目的语群体的整体情感因素，与个体学习者对学习任务的适应程度有关，包括：

（1）语言休克

指二语学习者使用目的语时感到害怕、恐慌。

(2) 文化休克

指二语学习者在接触目的语文化时的焦虑和不安。

(3) 学习动机

指二语学习者学习目的语的目的以及为实现该目的所做的努力。

(4) 自我渗透性

指二语学习者语言自我的僵化程度。语言自我是指二语学习者在母语习得过程中逐渐形成的具有保护性的心理屏障。如果二语学习者语言自我渗透性弱，无法打开心理屏障，就很难吸收新的语言信息，从而抑制二语水平的发展。

(六) 中国民俗介绍

中国人口众多、地域辽阔，各地、各民族风俗千差万别，我们要充分利用大量鲜活有趣的材料进行教学。一般来说，可以从节庆、饮食、婚丧、语言、艺术等多个方面来介绍民俗。要注意的是，民俗的介绍不是为介绍而介绍，要为语言学习服务，不能脱离学习者的语言水平。正如《国际汉语教师证书考试大纲》所说：能通过文化产品、文化风俗说明其中蕴含的价值观念、思维方式、交际规约、行为方式；能将文化阐释和传播与语言教学有机结合；掌握相关中华才艺，并能运用于教学实践。文化教学的内容远远不止这些，它贯穿在语言教学的整个环节。所以，中国文化教学的活动不是仅仅局限在教室和教材里，教师要积极主动地用符合学生学习习惯的方法来进行设计和教学。无论在国内还是国外，教师都可以灵活运用各种方法，尽量调动学生学习的兴趣。总之，就是要善于用最能被人接受的方式讲述"中国故事"。

第二节 跨文化交际与文化教学的基本态度和方法分析

一、对不同文化的基本态度

(一) 反对民族虚无主义和文化沙龙主义

对自己的文化要有深入的理解，要客观、真实、公正。中国文化灿烂、辉煌，但其中也有糟粕的东西。我们必须认识到，没有十全十美的文化。文化整体的不可褒贬，我们相信人类存在着对于美与丑、真与伪、善与恶的"共同感觉"。人们完全有理由批评各种不文明的现象。如果人们连这点批评的勇气都没有，那么文化的交流与沟通也同样是不可能的。鲁迅、柏杨对中国文化中的丑陋现象的批判可以作为我们客观、公正评价中国文化的材料。教师应该给学生一个客观的形象，要敢于批评中国文化中的糟粕，对于中国文化存在的不足要勇于承认，因为每个社会都会有这样那样的不足，不必忌讳，但原则问题要旗帜鲜明。教师的客观能培养学生的信任感，一种信任的关系对教学是有利的。

（二）注意文化教学内容的现实性和可接受性

要注意向学生展示我们现实的文化风貌，不要把明显落后于时代的文化内容当成中国文化的特点来介绍。同时，要避免空洞的政治宣传和道德说教，要注意寻求中国文化中那些包含人类共同感情的东西，不要把中国文化（包括政治观、价值观、道德观）强加在学生身上。教师一定要有一个宽容的文化观，中国文化本来就是在兼容并包、博采众长中发展起来的。

（三）有跨文化交际的意识

跨文化交际与文化教学要注意对文化差异的认识，尊重不同的文化。理解和宽容由于文化不同带来的冲突。由于老师和学生来自不同文化背景，通常会遵循不同的价值判断标准和行为准则，对同一事物就可能采取完全不同的态度和行为来应对，结果就会导致师生之间、学生和学生之间发生文化的冲突。对此我们要有心理准备和应对的方法。

对教师而言，对不同文化的学习者进行中国语言文化的教学，要特别注意学生的文化背景，要对学生国家的法律规定、价值观、风俗文化、语言与沟通的方式有所了解。同时，教师要具有较强的跨文化交际能力和灵活处理问题的能力。教师不能以自己文化的立场和价值观为标准去评判别人的文化，要充分尊重文化的多元性和不同的文化。在这样的情况下，教师就要根据学生的实际情况，有效地、正确地传输中国文化的知识，培养学习者对中国的正确认识。

二、文化教学的方法和材料

（一）应用现身说法和对比法启发学生思考

教师应正视由于文化不同而产生的偏见乃至冲突，正确应对，而不是选择忽视或逃避，比较好的做法是，教师应先行预想到可能出现的问题，准备比较合适的回答，在回答中以个人作为例子现身说法，拉近与学生的距离。因为教师就是一个中国文化的代表，而且是一个正面的代表。

对比的方法往往也能起到非常好的效果。例如，教师可能常常会被问及"中国人吃猫吃狗吗"这样的问题。可以这样回答："世界上不同的国家、不同民族的饮食习惯不同，有的吃狗肉，有的不吃狗肉，吃狗肉的习惯不止中国有，越南、韩国和别的国家也有；就算在中国，也不是每个地方的人都吃狗肉，很多地方就没有这种习惯。像老师自己，从来不吃狗肉，家里也养了小狗，老师很喜欢它。"这样的应对就很恰当。

一些国家的美食，如蜗牛、昆虫，在另一些国家人的眼里却很恶心、恐怖，其实都是文化差异造成的。要了解这些差异并将其适当地运用到教学中去，引导学生进行思考，了解到自己文化中的某些做法对其他文化来说也是很难理解的，这样就能建立起跨文化交际的意识。教师要"能自觉比较中外文化的主要异同，并应用于教学实践"。

（二）教材应多采用当代的内容

目前的汉语教材中，有不少教材古代知识文化的比例太大，三皇五帝、三山五岳，厚古薄今，语言艰深，这是很不适合的。比较好的做法是做到"三个平衡"：

1. 传统文化与现代文化的平衡

古代文化固然重要，但文化教学的内容应该和现实生活紧密结合，否则文化教学就失去了最重要的意义。文化教学要做到"学以致用"。如果教材中学生感兴趣的当代话题很多，题材实用性较强，学生会比较喜欢，因为学了能用。

2. 知识文化与观念文化的平衡

这也可以说是知识和理解的平衡。记住大事年表、年节风俗由来、名人生辰功绩乃至城市的特产是需要的，但我们更希望学习者对中国文化的精神、中国人的价值观有所了解，了解中国人交际文化产生的根源，起到追本溯源的作用。教材中要注意引导学生思考和观察中国文化在日常生活的表现，而不是记住了某一个年代和人物。

3. 语言技能和文化内容的平衡

汉语教材，不论是语言教材还是文化教材，都应该十分关注学生的语言能力和接受程度，尽可能降低语言难度。以往自我陶醉的那些充满"文采"的妙语诗篇并不一定适合汉语国际教育的文化教学，胡适关于新文学的"八不主义"的一些观点同样适用于汉语教材的编写和使用，如"不用典""不用套语烂调""不重对偶，文须废骈，诗须废律""不摹仿古人""不避俗话俗字"等。理想的教材应既能有效地提高学生的语言交际能力，又能让学生从中学习到目的语中蕴含的文化并能实际运用。

另外，文化教材还应根据学习者水平、特点和课文内容的设置、要求，科学地设计练习，以帮助学习者理解、巩固、应用跨文化交际能力和文化知识。

第三节　第二语言习得研究的基本概念

第二语言习得研究的基本概念是了解和探讨该领域基本理论的基础。然而，即使这些基本概念，学者们的观点也并非完全一致。因此，在进入第二语言习得研究理论探讨之前，有必要对这些入门概念做一些阐释，从而避免一些概念上的混淆。

一、"第一语言"与"第二语言"的含义

"第一语言"与"第二语言"是一对对应的概念。第一语言通常是指学习者的母语或本族语。虽然有些时候学习者的第一语言并不一定是他的母语和本族语，但在大多数情况下，学习者的母语就是他的第一语言。通常我们说"第一语言"这个概念时，一般是就学习者语言习得的时间顺序而言的。因此，第一语言是指儿童出生后最先接触和习得的语言。第二语言，是学习者习得的第一语言之外的任何一种语言。从时间顺序上来说，学习者首先接触和掌握的是他的母语，其他语言是在习得母语之后获得的。另外，有些学习者习得母语之后，先后或同时习得了两种以上的其他语言，如第三、第四语言，但为简便起见，一般统称为"第二语言"，尽管第三或第四语言的类型和习得过程有所不同。

二、"第二语言习得"与"外语习得"的区别

"第二语言习得"与"外语习得"二者并不是一对对应的概念。"第二语言习得"这个概念既包括自然的习得，也包括课堂上的习得。但是，第二语言习得是指学习者在目的语国家学习目的语。学习者所学的目的语在目的语国家是公认的交际工具，当然也是学习者用来交际的工具，如学习者在英国或美国学习英语，英语在这种环境下应该称作"第二语言"。相反，中国人或俄罗斯人在本国学习英语，英语是作为外语来学习的，原因是学习者所学的语言在本国不是作为整个社团的交际工具。另外，这种语言学习基本上是在课堂上进行的。

语言习得环境的区分主要依据两个因素：一是语言习得的国家是否说这种语言；二是是否有课堂学习经历。因此，外语环境指语言习得发生在课堂环境之外，而且所学语言不是所在环境的社会交际语言。第二语言环境指学习者所学语言在语言习得发生的环境中作为社会交际语言。"第二语言习得"与"外语习得"的概念与语言习得的环境无关。当然，区分"第二语言习得环境"和"外语习得环境"还是很有必要的，因为在两种语言环境下的语言习得在学什么、怎么学，以及最终语言习得的结果有很多差别。

三、"习得"与"学习"的区别

"习得"与"学习"在第二语言习得研究中是一对对应的概念。学者们用这一对概念来区分两种不同的语言获得过程、获得方式和知识类型。但也有学者并不刻意区分这两个概念，而把二者作为可以交互使用的概念。

成年人可以通过两种不同的方式获得第二语言。一种是通过"习得"的方式，即类似于儿童母语获得。另一种是通过"学习"的方式，通常是通过课堂学习，因此，习得

是"非正式"的语言获得,学习是"正式"的语言获得,即通过教学的方式来获得第二语言。大多数成人第二语言学习者都是通过学习这种方式获得第二语言的。

就语言获得的心理过程而言,习得通常是指在自然状态下"下意识"的语言获得,而学习一般是指"有意识"的语言获得。就语言获得的知识类型而言,通过习得获得的是"内隐的语言知识",通俗地说,是一种知其然而不知其所以然的知识。通过学习获得的是"外显的语言知识",这种知识是可以言说的。所以,学者们通常用"picking up a language"来描述语言习得,就像儿童那样下意识地、毫不费力地获得一种语言。而语言学习,学者们认为是"knowing about a language",即学习一种显性的语言知识,而不是"language learning",即获得一种语言。

四、"自然的二语习得"与"有指导的二语习得"

"自然的二语习得"是指在自然环境发生的第二语言习得,它与"有指导的二语习得"的区别,主要取决于两个方面:一是第二语言是以何种方式习得的,即是以交际的方式获得的还是以教学的方式获得的。二是第二语言习得发生的环境,即第二语言习得是在自然的社会环境下发生的还是在课堂环境下进行的。因此,从上述两个角度出发,自然的二语习得是以交际的方式获得的,而且通常发生在自然的社会环境下;有指导的二语习得则是以教学指导的方式,通常发生在课堂教学环境。

但也有学者从心理语言学的角度把语言习得分为"自发的习得"和"有指导的习得"。所谓"自发的"语言习得是自然发生的,没有明显的学习行为。学习者在自发的习得过程中,注意力集中在交际方面而不是语言形式方面,因而是一种不经意的习得;而在有指导情况下的语言习得,学习者的注意力主要集中在语言形式的某些方面,如语音、词汇、语法等项目上。

最好还是从社会语言学的角度来划分这两个概念。因为它反映了学习者参与习得过程的环境和活动。如果从心理语言学角度来划分,似乎自然习得就是下意识的,有教学指导的习得就是有意识的,这好像不完全符合实际情况。

五、"语言能力"与"语言表达"

"语言能力"与"语言表达"是第二语言研究中经常遇到的两个基本概念。语言能力是由交际双方内在语法规则的心理表征构成的。简单地说,语言能力是一种反映交际双方语言知识的心理语法。这种语法是一种潜在的内隐知识,母语者对句子的合语法性的直觉判断依据的就是这种语言能力。

语言表达,按照乔姆斯基的理论,指的是交际双方在语言的理解与生成过程中对其内在语法的运用。第二语言习得的最终目的是对学习者潜在的第二语言知识进行描写,并最终对学习者的语言能力做出解释。但是,我们无法直接观察到学习者的心理语法。

研究者必须通过收集和分析学习者在言语表达过程中的实际话语来推理和检验学习者的语言能力。然而，心灵学派并不重视学习者的实际语言分析，在他们看来，如果普遍语法具有普遍性，那么那些普遍原则就适用于所有的学习者。因此，检验一个学习者的语言直觉能力就足够了，而没有必要去检验言语表达中的语言材料。

第四节　汉语习得研究的多元视角

自 20 世纪 80 年代开始，第二语言习得研究受不同理论的影响，形成了许多不同的研究领域。这些研究领域反映了第二语言习得研究不同的理论视角。如第二语言习得研究的语言学视角、社会语言学视角、认知视角以及社会文化视角等。汉语作为第二语言的习得研究虽然起步比较晚，但在这些理论的影响下，也初步形成了一些新的研究领域。

一、汉语习得研究的语言学视角

在第二语言习得研究领域，第二语言习得研究的语言学视角，主要是指从语言类型学和语言学理论，即普遍语法的角度研究第二语言习得。由于普遍语法理论对第二语言习得的影响最大，因此这里主要介绍在普遍语法理论框架下的汉语习得研究。

（一）基本概念和相关理论

1. 什么是普遍语法

20 世纪 60 年代末 70 年代初，"普遍语法"被美国哲学家艾弗拉姆·诺姆·乔姆斯基赋予特定的含义，即"普遍语法是由一些原则、条件和规则构成的系统"。到了 80 年代，乔姆斯基又提出了"管辖与约束理论"，认为人类的语言是由"原则"和"参数"构成的。普遍语法的原则是恒定不变的，适用于所有的语言。对于学习者而言，原则是先天的，是不需要学习的。而参数是由有限的数值构成的，不同参数的设定构成了不同语言之间的差异。乔姆斯基这一理论对第二语言习得研究产生了极大的影响，有的第二语言习得理论就是建立在原则和参数理论基础上的。90 年代，乔姆斯基的普遍语法理论又发生了重大变化，提出了"最简方案"的思想。乔姆斯基认为，人类语言的核心是"词库"，由"词汇语类"和"功能语类"构成。通俗地说，词汇语类是指包含实词的类别，如名词和名词性短语、动词和动词性短语等；功能语类包括指示词、助词以及抽象的语法特征等，如时态、主谓一致等形态特征。在最简方案中，普遍语法的参数包含在功能语类中。最简方案提出后，出现了一些基于这一理论框架的第二语言习得研究。

2. 第二语言习得的逻辑问题

第二语言习得的逻辑问题源于儿童母语习得的逻辑问题。儿童语言能力的习得不可能只是通过有限的外部语言输入获得的。换句话说,儿童不可能只是通过模仿父母或其他成年人的语言而习得目的语规则系统。一方面,这种外在的语言输入是贫乏的;另一方面,儿童在认知水平很低的情况下,很难习得抽象的语言知识。那么,问题的必然结论就是,儿童语言能力的获得只能依赖先天的语言习得机制,如果没有普遍语法这种先天的生物遗传属性,儿童是不可能学会语言的。这就是所谓"语言习得的逻辑问题"。成人第二语言学习者是否也面临这一逻辑问题呢?一部分人认为第二语言学习者同样存在这个问题,因为他们的第二语言知识如果不是从语言输入中获得的,一定是在大脑里已经存在了。第二语言学习者和儿童母语习得一样,依赖先天的语言习得机制习得第二语言。但是,第二语言学习者所面临的"逻辑问题"与儿童母语学习者根本不同,因为二者的语言能力在本质上是不同的。即使部分成人第二语言学习者可以依赖先天的语言习得机制达到母语者的水平,但是大多数人仍然达不到母语者的水平。

3. 普遍语法的"可及性"问题

普遍语法的可及性问题是指成人第二语言学习者是否还可以利用普遍语法习得第二语言的问题。目前有三种不同的观点:

第一种观点认为,普遍语法不仅适用于儿童母语习得,而且也适用于成人第二语言习得。如果可以证明第二语言学习者可以利用普遍语法的原则实现与母语不同的第二语言参数设置,那最好的解释就是,普遍语法仍然在起作用。也有研究表明,第二语言学习者可以成功地对第二语言的参数进行重设。比如,英语为第二语言的日本学习者不仅能够成功地重新设置"中心语参数",即实现由日语的中心语后置到英语的中心语前置的参数重设,而且能够运用在日语中不起作用的一些原则。这些研究表明,普遍语法仍然适用于第二语言学习者。

第二种观点认为,普遍语法是不可及的。也就是说,普遍语法不再适用于第二语言习得。证据是移民儿童的第二语言大都能够达到类似母语者的水平,而他们的父母却很少如此。这一基本事实主要与两个因素有关:一是语言习得的关键期;二是语言习得机制。成人第二语言习得与母语习得之所以有很大的差别,一个很重要的原因就是普遍语法在关键期后就不再起作用,不再适用于成人第二语言习得。在关键期前的儿童第二语言学习者与成人第二语言学习者在语法判断中依据的心理机制不同。因为儿童母语习得依然可以凭借普遍语法习得第二语言,而成人第二语言学习者只能凭借一般的学习策略来学习第二语言。机制不同,第二语言习得的最终水平也不同。

第三种观点是一种折中的观点,即对成人第二语言学习者而言,普遍语法有的部分是可及的,有的部分是不可及的。成人第二语言学习者的语言表达并没有出现所谓"野语法"。也就是说，学习者不会产出违反普遍语法原则的语法错误，因为他们的语言产出是受普遍语法制约的；但是，当第二语言的参数与其母语参数不同时，他们却不能够正确地设置，从而正确地习得第二语言的参数。所以，对第二语言学习者而言，普遍语法的原则是可及的，但是第二语言的部分参数却是不可及的。

上述三种观点都有各自的实验依据，但这些研究都描述了问题的一个侧面，因而难以形成共识。因此，关于普遍语法的可及性问题还需要多侧面的实验研究做进一步的探讨。

（二）基于普遍语法的汉语习得研究

基于普遍语法的汉语习得研究的数量相对较少。近些年这个领域的研究逐渐增多，主要集中在三个方面：一是围绕普遍语法的原则和参数问题探讨汉语学习者某些原则和参数的习得研究；二是围绕功能语类问题的汉语习得研究；三是检验"界面假设"的汉语习得研究。

20世纪80年代的"管辖与约束理论"对汉语习得研究影响很大，许多汉语习得研究建立在这一理论基础上。管辖理论，简而言之，主要阐释的是管辖与被管辖成分之间的句法关系。如动词管辖名词性宾语，介词管辖名词性成分（He spoke to me.），即介词宾语必须是宾格名词性成分。约束理论则是阐释回指成分或代词与其先行词的关系。如、（1）"张三觉得李四对自己没有信心。"（2）"张三觉得李四对他自己没有信心。"句（1）的简单反身代词"自己"既可以指"张三"也可以指"李四"；句（2）中的复合反身代词"他自己"只能指"李四"。这两个句子中的反身代词不同，与其先行词"张三"的指称和约束关系也不同。由于语言类型不同，不同母语背景的汉语学习者在习得汉语反身代词与先行词的指称关系可能会存在一些困难和问题。母语为英语的汉语学习者能够成功地习得汉语复合反身代词"他自己"与先行词的约束关系。但在习得汉语简单反身代词"自己"与先行词的约束关系上却存在困难，即只能习得简单反身代词的某些指代特征。一方面，是因为反身代词的局部回指和先行词之间的约束关系是自然语言的共性，因而相对容易习得；另一方面，汉语学习者容易将"自己"与"他自己"相混淆，因而在判断长距离回指时，不能很好地区分二者在回指距离上的差异。

围绕普遍语法理论的另一个领域是基于"界面假设"的汉语习得研究。"界面"指抽象的语言系统中不同模块之间或语言表达之间的相互影响和映射关系，只要不同语言表达层级之间存在映射，"界面"就蕴含在这些层级之间。抽象的语言系统包括句法、语音、形态和语义等不同模块。这些模块各自有它自己的组织结构和组织层级。因此，语言规则和处理包括两类：一类是语言机制中每个模块内部的运行机制，如语音规则和句法规则；另一类是联系不同语法模块的运行机制，如句法和语义之间的界面、形态和语音之间的界面等。按照"界面假说"，纯句法特征即便在学习后期才能被掌握，但最终是可以被完全习得的；而句法与其他的认知范畴间的界面特征则难以被完全习得。根据这一假设研究发现，虽然界面会给汉语学习者带来习得困难，但并非这一假说所预测的永远难习得。另外，界面本身可能并不是造成二语习得困难的根本原因，界面所需的信息处理量才是决定汉语学习者多大程度上能够习得各种界面的关键因素。

（三）研究方法与评价

基于普遍语法的第二语言习得研究，顾名思义，这些研究都是建立在普遍语法框架下的第二语言习得研究，目的是为了检验普遍语法的普遍性和适用性。

基于普遍语法的汉语习得研究，在研究方法上和其他语言作为第二语言的习得研究一样，首先，是根据普遍语法的理论形成第二语言习得的理论假设。不同语言类型在"中心语参数"的设置上存在差异，汉语说"我吃饭"，日语说"我饭吃"，汉语动词短语的中心语"吃"在前，日语动词短语的中心语则在后。因此，日本学生要习得正确的汉语语序，就必须对其自母语习得的参数重新设置。其次，研究者通过实证研究来检验这一假设对汉语作为第二语言学习者而言是否成立，即是否可以通过参数重设的假设来解释第二语言习得的过程和机制。

基于普遍语法的第二语言习得研究，基本上都是采用学习者对第二语言的语法判断这种研究范式来考察学习者的语言习得过程。采用这种语法直觉判断的方法，与普遍语法对学习者语言能力的理论假设密切相关。学习者的语言能力，即"心理语法"是一种内隐知识，这种内隐知识的获得是第二语言习得的最终目标。因此，语法直觉判断是考察学习者语言能力的重要方法。当然，这种研究范式也受到一些学者的质疑。有学者认为，早期基于普遍语法的第二语言习得研究过于依赖语法判断的方法，缺少纵向研究。因而，不知道通过语法判断获得的到底是内隐知识还是外显知识。但是，现在这一领域的研究已经不仅仅限于这种研究方法，而是与实证研究相结合。研究的理论和方法也在不断更新。

二、汉语习得研究的社会语言学视角

基于社会语言学视角的第二语言习得研究，大致可以分为两个方面：一是第二语言学习者语言变异的研究；二是从更为宽泛的社会环境因素来考察第二语言学习者的语言习得过程，如"语言社会化"研究、跨文化认同研究等。

（一）汉语学习者的语言变异研究

1. 语言变异的相关概念

（1）什么是语言变异

通常所说的"语言变异"指说话者的语言表达系统由于社会因素（社会等级、职业等)、社会心理因素、心理语言因素而产生的语言形式变化。第二语言学习者的语言变异大致可分为两类,即"系统变异"和"非系统变异"。

系统变异是指第二语言学习者的语言变异随着情境的变化而变化。言语情境是第二语言学习者语言变异产生的主要原因。见下面例句:

①我在五道口吃饭。(情境A)

②我吃饭在五道口。(情境B)

如果学习者对言语输出注意的程度比较高,其言语表达大都符合目的语规则,如在情境A,句①的状语语序;当学习者对言语输出注意的程度比较低时,即情境B,其言语表达在语序上则偏离了目的语规则,如句②。这种变异是随情境变化而变化的,属于情境变异或系统变异。

非系统变异是指第二语言学习者经常在同一情境用两个或两个以上的语言形式表达同一功能。非系统变异也称"自由变异"。这种变异不受语境因素的影响。见下面汉语学习者的表达片段:

在中学毕业后,我一个年没学,转到另一个大学学习中文一年,再没学一年,再学一个半年,没学一个年……

这种交替使用两种不同形式(一年/一个年)来表达汉语的数量结构是典型的自由变异。这种变异是非系统的,不受言语情境的影响。虽然第二语言学习者的语言变异是造成其中介语系统不稳定的一个重要因素,但同时也是促进其中介语系统不断发展的动因。

(2)上下文语境变异

上下文语境变异指由上下文语境的变化而引起的语言变异。上下文语境效应主要体现在语言的音系、形态和句法层面。

(3)中介语语体变化连续体

我们可把学习者的中介语系统看作一个由不同语体风格构成的连续体。连续体的一端称作"随便体",另一端称作"严谨体"。前者指学习者在非正式情境下的语体风格,后者指学习者在正式情境下的语体风格。学习者的中介语根据情景语境的需要在这两种语体间移动变换,随便体和严谨体都是构成学习者中介语语言能力的一部分,因此在考察学习者的中介语时,应该收集不同语体的数据材料来反映不同的语言规范。语体变换是由心理语言机制,即学习者对语言形式注意程度的高低造成的。当学习者对语言形式的注意很少时,其中介语表现为随便体。当学习者将其注意力主要集中在语言形式上时,其中介语表现为严谨体。这些不同的语体风格构成了学习者的中介语语体风格连续体。

2. 汉语学习者语言变异的相关研究

汉语学习者语言变异的研究相对比较少。已有研究主要集中在汉语学习者在语音和句法层面的变异研究上。研究发现，学习者在习得"不"和"没"否定结构的过程中，把"不"和"没"看作两个可替换的自由变体。而且"不"和"没"的否定规则的习得过程是一个缓慢的扩散过程，呈现为四个过渡阶段："不"的否定占主导地位阶段；"不"和"没"作为自由变体互相替代阶段；以"没"为主的泛化阶段；"不"和"没"分化，各司其职。自由变异的现象往往出现在新规则刚刚导入阶段。随着学习者语言水平的提高，自由变异现象逐渐消失。

3. 第二语言学习者语言变异的研究方法

第二语言习得研究领域的语言变异研究，较常见的研究方法主要有三："分类规则"和"变量规则"描写方法、中介语语体风格连续体的描写方法、"扩散模式"。按照"语体变换"理论，语体变换是系统的，是可以预测的。然而，学习者的语言变异实际上并不完全是非此即彼的简单分类变化，而往往是基于概率变化的。

用于系统变异研究的方法就是中介语语体风格连续体的描写方法。这种描写方法也是根据学习者对言语产出注意程度的高低来设计言语情境。通常采取读词表（注意程度高）、读句子（注意程度较高）、朗读语言片段（注意程度较低）、自由表达（注意程度低）等不同的实验任务来实现。学习者在这些不同言语情境下的语言产出构成一个不断变化的连续体，可以看出学习者的语言变异随着言语情境的变化而变化。但是，这种研究方法也有一定的局限性。即言语情境只是引起学习者语言变异的因素之一，为了避免这种局限，还应该考虑其他因素对语言变异的影响。上述研究方法适合于系统变异现象的描写，研究非系统变异或自由变异，适合采用扩散模式。在第二语言发展过程中有两个主要阶段，即"习得阶段"和"替代阶段"。在习得阶段，学习者习得目的语中某个变项的正确变体，并在所有的语境中都使用这个变体，同时也使用该变项的不正确变体；到了替代阶段，正确变体逐步取代不正确变体，自由变异消失。

（二）汉语学习者的语言社会化研究

1. 什么是语言社会化

语言社会化的一个基本观点是，语言和文化并不是截然分开的，无论是母语习得还是第二语言习得，语言和文化都是一起习得的。语言知识和社会文化知识是相互依存的，学习者的一个基本任务就是在习得语言形式的同时习得相关的意义和功能，而这些意义和功能在很大程度上是依据社会文化构成的。一方面，语言知识寓于社会文化知识之中；另一方面，社会文化知识的理解与阐释在很大程度上是通过语言媒介来实现的。语言社会化与学习者语法能力的发展也密切相关。在每个社区，语法形式与其运用的社会文化环境以及语法形式的表征意义，对儿童有关这些语法形式的理解与产出产生影响。

学者们这些观点反映了这样一种共识，即语言社会化就是将学习者的语言能力的发展和社会文化发展联系在一起，因为至少儿童母语知识的习得同时伴随着与母语知识相关的社会文化规范的习得。但是，第二语言学习者第二语言的习得并不一定伴随着目的语社团的社会文化规范的习得。有可能是学习者所处的外语习得环境使然，也有可能是语言教学方法使然。比如，强调规则操练和强化的听说法，在某种程度上将二者分离。因此，有学者呼吁应该提出一种更为完整的语言习得理论，将第二语言习得的认知过程和社会过程结合在一起。目的是使第二语言学习者在习得第二语言的同时实现语言社会化。

2. 汉语学习者语言社会化相关研究

语言社会化研究作为一个新的研究领域，最初源于儿童母语习得，如萨摩亚西部和巴布亚新几内亚儿童的语言社会化研究。学者们发现，不同文化和族群儿童的母语习得及其相伴随的语言社会化过程存在较大的差异。随着应用语言学领域的"社会转向"，儿童母语习得的语言社会化理论引起第二语言习得研究领域的兴趣。但第二语言习得研究领域关注的主要是第二语言课堂教学中学习者的语言社会化问题。受语言社会化理论的影响，汉语学习者语言社会化研究，近些年虽然研究不多，但已有学者在这个领域做了初步的探索。

不同汉语水平对汉语学习者非规约性间接策略的使用有显著影响，即高水平的汉语学习者更多地使用非规约性、间接的请求策略。这一结果，一方面，可能与学习者的态度有关，即持积极态度的学习者更倾向于少用直接策略，更多地使用非规约性策略；另一方面，持积极态度的学习者会更加注意暗示和言外之意的理解和使用，从而体现了学习者社会文化知识的积累。但是，统计分析表明，持积极态度的中高级汉语学习者语言社会化的程度，与初级汉语学习者相比，并没有显著的提高。造成这种现象的原因是高水平汉语学习者可能会更加刻意地增加非规约性策略的使用，但是，由于海外汉语学习者的汉语习得缺乏真实的语言环境，因而在一定程度上影响了他们的语言社会化进程。

3. 语言社会化研究的方法

语言社会化研究根植于早期的儿童学习说话的纵向的人种学研究。这类研究通过学习者在以特定文化构成的语言运用情境中语言使用的观察和描写来考察其语言社会化进程。因此，这种研究多采取纵向的观察和质性分析。在第二语言习得研究领域，由于第二语言课堂教学常常缺少特定文化构成的语言运用情境，因此，教师在课堂常常通过目的语社团的言语交际风俗和习惯的教学让学习者掌握恰当和得体的目的语规则。在汉语学习者语言社会化研究中，已有研究基本上是通过特定的交际活动，或者创设特定的交际情境和语用环境，引导学习者学习特定的汉语语用规则，如请求策略、间接言语行为等。而在研究方法上，通常采用问卷和话语补全等方法来考察学习者的语言社会化进程。由于这种方法不是自然、真实的语言交际情境，因而有一定的局限性。

（三）汉语学习者跨文化认同研究

1. "认同"的含义

"认同"一词有多重含义，它既指"同一性"也指"独特性"。因为这解释了个体与他人或群体的相似和相异两层关系，即指明了你和一些人有何共同之处，以及你和他者有何区别之处。认同，既包括主观上你对"你是谁"的认识，也包括客观上你所属的群体。此外，认同包括很多类型，如身份认同，即"你是谁"，同时也包括社会认同、族群认同、个人认同等。在第二语言习得研究领域，第二语言学习者的认同研究，主要借自社会心理学"社会认同"的概念。社会认同为个体认识到自己所在群体的成员所具备的资格，以及这种资格在价值上和情感上的重要性。在汉语习得研究领域，学者们更为关注的是汉语学习者对目的语社团的语言、文化、族群与价值观的认同，特别是汉语学习者的"跨文化认同"和"超越文化认同"的研究。第二语言习得研究领域之所以关注学习者的认同研究，是因为学者们发现，第二语言学习者对第二语言的态度、动机以及认同这些社会因素和情感因素将会对第二语言习得产生重要的影响。

2. 汉语学习者跨文化认同的相关研究

汉语学习者的语言文化认同研究，就研究对象而言，主要分两大类：一类是关于华裔汉语学习者的认同研究；另一类是关于非华裔汉语学习者的认同研究。之所以这样区分，是因为华裔和非华裔汉语学习者面临完全不同的语言、文化、族群和价值观等方面的认同问题。华裔汉语学习者作为一个特殊的群体，在移居国的主流社会要应对两种截然不同甚至相互矛盾的生活方式：一方面，他们要面对母语族群语言文化传承的压力；另一方面又要尽快融入主流社会，以免被视为另类。换句话说，华裔汉语学习者既要面对华裔族群的认同，同时还要面对主流社会族群的认同，即所谓"双向认同"的问题。因此，在汉语习得研究领域，汉语学习者跨文化族群认同成为学者们关注的重要领域。

为此，有学者从来华经历、汉语水平以及态度和动机等不同角度考察了这些社会和情感因素对汉语学习者跨文化认同的影响。研究发现，有来华经历的美国汉语学习者在语言、文化和族群认同上比无来华经历的汉语学习者认同程度更高，但在价值观认同上则无影响。此外，不同国别的汉语学习者的态度和动机对其语言、文化、族群和价值观认同也存在不同程度的相关关系。但是，这些研究并没有触及汉语学习者的"双向认同"问题。实际上，第二语言学习者都会不同程度地面临双向认同问题。而华裔汉语学习者作为生活在"两种文化夹缝"中的人，这个问题就更为突出。跨文化认同或超越文化认同作为一种社会和情感因素，对汉语学习者，尤其是华裔汉语学习者的汉语习得具有潜在而又深远的影响。

3. 跨文化认同研究的方法

早期的文化或族群认同研究，虽然研究的对象是跨文化群体，但是其理论和方法却是单向的认同研究。有学者认为，第二语言学习者族群认同的建构过程是一个动态发展的过程，即学习者最终要向主流族群认同过渡，最终实现主流族群的认同。问题是，有研究表明，有相当一部分第二语言学习者终生都会停留在认同建构过程的某个阶段，如两难选择的阶段。换句话说，那种单向的研究方法并不适合第二语言学习者，特别是族裔传承语习得的学习者。因此，目前的跨文化认同研究，大多采取"多维文化适应量表"的问卷调查方法。这种多维文化适应量表为考察双向认同提供了可选择的空间。因为双向认同研究，不仅要考察第二语言学习者对母语语言或文化的认同，而且还要考察学习者对目的语语言或文化的认同。但是，这只是作为一种测量和调查工具，跨文化认同研究需要在适当的理论框架下进行考察，并选择适合的研究方法。

三、汉语习得研究的认知视角

当代认知心理学有两种不同的理论取向，即"信息加工取向"和"联结主义取向"。在这两种理论取向的影响下，汉语习得研究形成了两种不同的研究领域，即基于信息加工理论的汉语习得研究，以及基于联结主义的汉语习得研究。

（一）基于信息加工理论的汉语习得研究

信息加工理论产生于 20 世纪 70 年代。该理论把人的心理过程看作类似计算机的符号加工器。这些符号加工器控制着语言的心理表征的建构、语言输入和输出等加工过程。在第二语言习得研究领域，有三个关于信息加工的重要假设：一是人的认知结构是由"表征"和"通达"构成的。表征是指存储在人脑中的知识，语言表征主要是由语音、词汇、语法、图式等知识构成的。通达是指在言语理解与产出时对存储在人脑中的知识进行检索、提取的加工过程。二是信息加工有两种不同加工机制，即自动加工和控制加工。母语者的言语交际大都是自动加工，而不熟练的第二语言学习者的言语交际则更多采取控制加工。三是认知加工的资源，如注意和记忆资源是有限的。由于这种资源有限，言语交际的自动加工需要较少的注意资源，控制加工则需要更多的注意资源。基于信息加工理论的第二语言习得研究，基本上是在上述理论框架下探讨学习者语言习得和语言认知加工的过程和机制问题。

1. 汉语学习者心理表征的研究

在汉语习得研究领域，学习者关注较多的是汉语学习者声调表征问题。声调表征的研究，通俗地说，是研究汉语声调知识，如声调的音高、重音等声学特征以及音位特征在学习者大脑中是如何建立的。声调表征的研究，可以揭示学习者汉语声调习得的心理过程和加工机制。这种研究大都采取实验语音学和认知实验研究相结合的研究方法。我们从声调的声学信息和音位表征两个方面分析国外学生汉语声调的加工机制可发现，初级水平的学习者已经具有明确的声调范畴，声调识别能够达到很高的正确率。但在词汇加工中，声调的音位表征却远未形成。原因是，声调范畴的知觉和音位表征是两个相对独立的层面，抽象的音位表征的建立对汉语学习者而言更为困难。但是，汉语声调关键性声学信息的感知对声调音位表征建立将产生直接的影响。

2. 关于汉语学习者心理词典的研究

"心理词典"是包含所有词语信息的心理知识系统。这些知识包括词的发音、形态和句法以及语义信息等。这些知识构成了学习者的心理词典。在心理词典中，词语之间是按照语义网络的方式组织在一起的。语义相近、相关的词更容易被激活。如"父亲"激活"母亲"、"桌子"激活"板凳"，"苹果"激活"水果"的时间要短于"父亲"激活"作者"或"板凳"激活"水果"的时间。因此，研究者通常采用词汇联想测试的方法考察汉语学习者心理词典的结构和组织方式。通过心理词典的研究，可以发现学习者汉语词汇的形、音、义各种信息的表征是如何建立的，这些信息之间是通过何种方式组织在一起的。词汇联想实验包括四种反应类型，即聚合反应、组合反应、语音反应和无反应。聚合反应是指刺激词和联想词之间属于同类词，如"大—小""父—母"等。组合反应指刺激词语联想词具有先行句法关系或搭配关系，如"大—苹果""环境—污染"等。语音反应指那些与刺激词仅在语音上的联想反应。聚合反应和组合反应在母语者心理词典中是最普遍的组织方式，语义关系密切，因而加工深度比较高。语音反应和无反应与语义没有任何联系，因而加工水平比较低。汉语学习者随着语言水平的提高，聚合反应和组合反应不断增加，语音反应和无关反应逐渐减少。此外，汉语学习者在汉语词汇理解和产出上的加工深度存在差异，产出性词汇加工深度比较高，理解性词汇加工水平比较低。汉语学习者心理词典中的词汇以语义关联为主。其中中级水平学习者聚合关联占主导地位，初级学习者聚合和组合关联比例相当。与英语学习者相比，汉语学习者的词汇关联中，汉字字形关联多于字音关联，而且语块形式的关联较多，反映了汉语学习者心理词典结构组织方式的差异和特点。

3. 伴随性词汇习得与词汇通达研究

"伴随性学习"与"刻意学习"相对。二者的区别在于，伴随性学习是在非刻意注意条件下的学习。如要求学习者完成阅读理解任务，事后测试学习者对某些词语的理解，但事先并不告知学习者阅读后要对词语测试。而刻意的学习则明确告知学习者在阅读中刻意注意生词，读后对这些词进行理解测试。在汉语习得研究领域，学者们关注较多的是伴随性词汇习得。目的是考察学习者在伴随性学习条件下的词汇习得是否比刻意的词汇学习效率更高。

关于词汇通达研究，关注的主要问题是，学习者在言语理解与产出过程中，以何种方式检索和提取词汇知识，学习者的词汇通达受到哪些因素的影响。有学者通过真假词判断任务，并通过多元回归分析详细地考察了汉语复合词加工的影响因素。研究发现，整词频率、首词频率、首词家族数、语义透明度和具体性是影响汉语母语者复合词加工的最主要因素。对第二语言学习者而言，整词频率、尾词素、语义因素是影响其汉语复合词加工速度的主要因素。复合词的通达既存在整词加工也存在词素加工。基于这一结论，在汉语词汇教学中应强调词汇复现率，还应重视词素教学对扩大词汇量的重要作用。

4. 汉语学习者正字法意识研究

在汉语习得研究领域，汉字认知研究一直是学者们关注较多的研究领域。近些年，学者们从多个侧面研究学习者汉字认知的过程和机制。但大多数研究是关于汉语学习者正字法意识形成和发展的研究。正字法是关于汉字字形的规范，包括笔画、部件的结构和组合规律。汉字正字法意识指学习者对汉字结构和组合规则的意识。汉字作为一种表意文字，特别是对母语为拼音文字的汉语学习者而言，其识别和书写是非常困难的。因此，汉字正字法意识的形成和发展是考察汉语学习者汉字识别和书写水平的重要因素和手段。汉字认知研究大都采取认知实验研究范式，即通过真、假、非字的识别和判断考察学习者汉字正字法意识的建立和发展。"真字"是具有形音义的字；"假字"符合正字法，但无音、无义；"非字"既不符合正字法，也无音、无义。汉字正字法意识的研究，不仅研究汉字的字形结构意识，而且研究汉字的结构规则，如部件的组合规则、部件的位置、部件的一致性意识等。

基于信息加工理论的汉语习得研究，基本上都是围绕认知研究领域的基本理论问题，采用认知实验的研究范式，研究汉语学习者习得汉语语音、词汇、汉字等语言要素的认知过程和加工机制。但不同语言层面的研究方法有所不同。汉语学习者声调习得的认知研究，基本上是采取实验语音学研究方法和认知实验研究相结合的方法。而词汇和汉字的习得主要借鉴认知心理学的研究范式。

（二）基于联结主义的汉语习得研究

联结主义作为一种新的认知理论复兴于20世纪80年代。这一理论与信息加工理论相比，有两个不同之处：首先，联结主义强调知识的分布表征，而不是符号表征。在信息加工的语义网络中，一个节点表示一个概念。而联结主义是通过神经网络中神经元之间的联结模式表达的。其次，在信息加工方式上，联结主义采取平行加工，而不是序列加工。联结主义作为浮现主义家族中的一员，具有三个共同的学习原则：一是联想学习。联想学习是基于实例和样例的学习。当学习者对语言输入中呈现的一个个样例（如N个"把"字句）形成记忆，学习便发生了。频次越高的样例越容易形成记忆。二是概率学习。这种学习方式并不是分类的，而是渐进式基于经验概率的猜测和推断式学习。

三是基于运用的学习。根据这一学习原理,语言知识和运用是不可分的。学习者是通过语言运用来学习语言。联结主义的上述学习原则,反映了语言知识获得的普遍规律。学者们基于上述原则通过特定的方法来探索第二语言习得的普遍规律。

在汉语习得研究领域,联结主义认知理论的引进比较晚。基于这一理论的研究也相对少。一方面,是因为信息加工理论在第二语言习得的认知研究方面仍然占主导地位;另一方面,基于联结主义的研究方法,即基于人工神经网络的模拟方法在一定程度上限制了这一研究领域的发展。但是,基于人工神经网络的模拟方法与其他行为实验研究相比具有一定的优势。第二语言学习者的语言习得涉及的因素和变量比较复杂,但行为实验研究的变量有限,基于统计分析的结果难以客观地揭示交织在一起的多种因素的交互关系。而基于联结主义的神经网络可以从多个维度分别表征更为复杂的因素和变量。由于神经网络能够具有人脑学习功能的生物有效性,通过模拟可以更为直观地观察到复杂的学习过程。在汉语习得研究领域,神经网络最早用于汉语学习者汉字构型意识的模拟研究。汉字构形意识主要包括两个方面:一是汉字组字单元的意识,即汉字部件意识;二是汉字组字单元之间的组合规则意识。为了模拟汉字构形意识的萌发和发展,该研究从汉字部件数、结构类型等九个维度对汉字进行表征。模拟的结果表明,初级水平的子模型已经具备了汉字构形规则的认知能力。汉字结构类型的认知效应主要反映在左右结构的汉字上。模型汉字识别采取的首要策略是字形策略,其次才是结构识别策略。该模拟研究在一定程度上避免了行为实验的局限,其模拟的结果比较客观、可靠。

四、汉语习得研究的社会文化视角

"社会文化理论"的全称为"社会文化心理理论",是 20 世纪初由苏联心理学家维果茨基提出的。但直到 20 世纪 80 年代,这一理论才被引入第二语言习得研究领域。由此,基于社会文化理论的第二语言习得研究成为一个新领域。

(一)社会文化理论的基本观点

1. 调节与调节学习

"调节"是维果茨基社会文化理论的核心概念。这一概念的含义是,人类在改造物质世界时,往往通过间接的方式,即通过物质工具来调节我们与物质世界的关系。同样,人类也利用符号工具,如数字、信号、音乐、语言等工具来调节人的思维,调节人与人、人与世界的关系。其中,语言是区分人与动物最重要的调节工具。这些调节工具,无论是物质的还是符号的,都是人类创造的"文化产物",这些产物都是人类文化和智慧的结晶。

调节工具不仅包括物质和符号工具,而且包括概念和活动。也就是说,概念和活动也具有调节工具的功能,比如通过概念调节人的思维,通过活动调节人的认知过程。在所有这些调节工具中,语言符号则是介于二者之间的最重要的调节工具。人类通过物质工具来改变世界,同时也通过符号工具来调节人的思维和认知机能的发展。

按照社会文化理论的观点,语言习得本身也是通过调节工具的调节过程。学习者通过使用和控制心理工具,如语言和符号来学习语言,而且还可以借助其他辅助工具,如多媒体来学习语言。但是,社会文化理论认为,语言习得过程在本质上是社会化调节的过程。语言习得总是发生在人与人的社会互动环境中,无论这种互动是面对面的还是网络的虚拟世界,离开社会环境语言习得便不会发生。因此,研究者试图在社会文化理论的框架下探讨基于调节的语言习得过程和习得机制。

2. 调控、支架和最近发展区

"调控"作为"调节"的一种形式,是用来阐释儿童认知能力发展过程和阶段性的术语。按照维果茨基的观点,儿童的认知发展经历三个不同发展阶段:第一阶段是客体调控。客体调控指儿童的思维受他所处的环境左右。比如让儿童抓取面前摆放的各种玩具,儿童往往不会按照父母的意愿行事,而是被那些颜色更鲜亮、比较大的或离得最近的玩具所吸引。换句话说,儿童此时的思维受环境控制。儿童模仿周围成人说话同样是客体调控。第二阶段是他人调控。这个阶段,儿童往往需要一个能力更强的他人帮助来完成认知任务,如父母或保姆为儿童提供"儿向语言"帮助儿童学说话等。第三阶段是自我调控。在这个阶段,儿童的认知能力发展成熟,不需要他人帮助而独立完成认知任务。

"支架"的含义是,在专家和新手、教师和学生或者同伴之间合作完成认知任务或言语交际过程中,当新手或学生不能独立完成这些任务时,由专家或新手提供帮助,即所谓"搭支架"以完成学习任务。支架有不同类型,专家与教师是最常见的支架类型。同伴之间搭支架,需要一方水平略高于另一方。与搭支架相关的另一个概念是"最近发展区"。维果茨基将其定义为儿童目前独立解决问题的发展水平与其在成人引导下解决问题的潜能之间的差异或距离。因此,儿童潜能的发展有赖于成人的帮助,即在其不能独立解决问题的情况下通过搭支架跨越最近发展区。换句话说,儿童学习潜能需要借助他人调节(即搭支架的方式),发展为现实能力。

3. 个体言语与内在言语

"个体言语"指儿童或成人第二语言学习者在完成认知任务或遇到困难时,常常会出现自言自语或重复他人话语的现象,目的显然不是为了交际。按照社会文化理论的观点,这种个体话语是学习者正在形成的一种自我调控能力的表现,即以个体言语作为调节思维和言语行为的工具,并最终内化为"内在言语"。当内在言语作为思维的调节工具时,学习者就不再依赖外化的个体言语。研究个体言语的价值在于,个体言语可以为我们提供观察学习者以个体言语作为调节工具向内在言语转化的这一内在过程的窗口。

(二)基于社会文化理论的汉语习得研究

社会文化理论拓宽了第二语言习得研究的理论视野，使研究者可以从另一个视角探讨语言习得研究过程和机制。在汉语习得研究领域，学者们通过微观发生分析的方法和实证研究对社会文化理论进行了多方面的检验和探讨。

按照维果茨基的观点，儿童的认知发展必然经历客观调控、他人调控和自我调控三个阶段。但是，成人第二语言学习者的汉语习得是否也会经历这三个不同阶段？不同汉语水平的学习者的词汇习得过程并没有表现出儿童母语习得具有的明晰的发展阶段。初级汉语水平的学习者在词汇习得上更多地依靠客体调控和他人调控的方式。中级汉语水平的学习者自我调控能力得到了一定的发展，但主要依赖的仍然是客体调控和他人调控的方式。然而，高级汉语水平的学习者并不依赖客体调控和他人调控的方式，这些学习者已经具备了自我调控的能力。这一结果表明，成人第二语言学习者词汇习得采取的调控方式与其语言水平相关，而儿童语言习得依赖的调控方式与其认知水平密切相关。

在社会文化理论中，语言教师最感兴趣的问题是如何在课堂教学中搭支架，以及哪些支架更有助于汉语学习者的语言习得。语言习得的最终目的是通过他人调节跨越最近发展区，具备自我调节的能力。在课堂教学环境下，教师是为学习者提供他人调节的最佳人选，而搭支架是教师最常用的他人调节方式。真正对学习者听说能力产生作用的是教师在课堂教学中搭建的情感支架。也就是说，情感因素对学习者听说能力的提高会产生直接的影响。这一结论实际上得到神经科学实验证据的支持，即控制情感因素的大脑"边缘系统"的激活有助于提高语言习得的效率。

关于"个体言语"的研究是汉语习得研究较少关注的领域。但近些年也出现了相关研究。个体言语的主要功能包括三个方面：一是认知和元认知功能。这是个体言语最重要的功能，因为这一功能可以直接促进个体言语的内化。二是情感功能。即学习者常常用个体言语来控制感情，有效降低焦虑感。三是参与功能。这个功能实际上是一种比较隐蔽的演练功能，反映了学习者对课堂学习的积极参与。该研究并没有采用实验研究，而是采取源于维果茨基社会文化理论中的微观发生分析方法，具有一定的借鉴意义。

(三)社会文化理论的微观发生分析方法

"微观发生分析"方法是大多数基于社会文化理论的语言习得与认知研究所采用的方法。这种方法源于维果茨基的发生学方法。微观发生分析是通过学习者个体认知发展过程的纵向考察，揭示学习者最终实现自我调控的阶段性变化的定性研究方法。维果茨基认为只有通过变化才能正确地理解发展。微观分析方法有四个特点：需要对个体变化进行一个时段的观察；应分别对个体变化前、变化期间和变化后的过程进行观察；在变化期间进行定期观察；通过定量和定性方法对个体变化进行密集观察和分析，以便确认发展变化的过程。但是，微观发生分析很少采用定量研究方法，而是通过质性分析考察特定语言功能和特征是如何变化并内化的。然而，许多研究社会文化理论的学者经常采取定量研究的方法。维果茨基之所以主张采用微观发生分析的方法，是因为他认为基于反应时的实验室研究只适合人的低级心理机能的研究，而不适合研究人的高级心理机能的发展。此外，社会文化理论的研究者主张采用微观发生分析的方法研究个体的认知发展过程，而不主张采用实验的方法做群体的研究。

第四章 对外汉语教学模式

第一节 对外汉语教学模式化研究概述

一、对外汉语教学模式化的提出

对教学模式的研究在国内对外汉语教学法研究中一直没有受到应有的重视。多年来，我们的教学法研究主要集中在宏观研究即方法论层面的理论研究，或者侧重微观研究即操作层面的教学技巧研究，而对于中观层面的教学模式研究鲜有涉及。这一方面是因为对外汉语教学作为一门年轻学科，其理论研究和教学实践还都处在发展成熟期，理论和实践呈现出交叉落后的矛盾，需要我们倾注大量的研究精力；另一方面是因为我们对教学模式本身以及教学模式对理论研究和教学实践的影响力和作用力认识不足，研究视角受到限制。此外，由于教学模式研究和实验涉及多方面的因素和条件，也使不少学者畏而却步。

近些年，随着理论研究的不断深入和教学实践的不断拓展，对外汉语教学的学科地位和社会地位的提升是不争的事实。我们的研究应该紧紧围绕"怎样在尽可能短的时间里让外国学生尽快学好汉语"这个根本问题，进一步研究、改进教学法，但事实上，我们还没有能够形成这样的一种或多种教学法。从教学模式的研究来看，我们一方面对个人教学经验的积累与多年形成的习惯做法进行一定规模的教学实验、反复验证还不够，无法使之升华成为理论并进而凝结成有意义的教学模式；另一方面，我们的许多基础性研究，包括语言学及相关学科的研究还没有真正自觉地、理性地融入到教学中来，人为地在这些研究与教学实践中形成一道屏障，致使这些研究成果无法落实为一定的教学模式，进而在实践中应用。建立具有高效率、具有典型示范意义的教学模式并有效地应用到教学实践中去是我们对外汉语教学与研究者共同的目标，也是我们对外汉语教学事业发展到今天的一个迫切需要解决的课题，它不仅是教学实践者的任务，也是理论研究者的一个使命，是需要多方参与、"大家屈尊"的一项工作，否则，我们很难融入世界第二语言教学的发展潮流，也谈不上对外汉语教学的规模性质量和发展。

二、教学模式及其含义

教学的模式化研究也可以称为对教学模式的研究，属于教学法的中观研究领域。

教学模式，一般是指具有典型意义的、标准化的教学或学习范式。国外学术界较有影响的观点认为，教学模式是构成课程、选择教材、指导教学活动的一种计划或范型。但国内学者一般把教学模式理解为开展教学活动的一整套方法论体系，是在一定教学思想或教学理论指导下建立起来的、较为稳定的教学活动框架和活动程序。可以肯定地说，教学模式既是教学理论的具体化，也是对教学经验的一种系统概括；既可以直接从丰富的教学实践中通过理论概括而成，也可以在一定的理论指导下提出一种假设，经过多次实验后形成。

一般来说，一个完整的教学模式应该包含下列五个基本要素。

1. 理论基础

理论基础指教学模式建立的教学理论或教学思想，即教学模式建立的理论依据，是反映教学模式内在特征的一个因素。

2. 教学目标

教学目标指教学模式所能达到的教学效果，是教学活动在学习者身上产生的效果的预先估计和设定，这是教学模式构成的一个核心因素，对其他因素有制约作用。

3. 操作程序

操作程序指教学活动在时间上展开的逻辑步骤以及每个步骤的主要做法等。任何教学模式都具有一套独特的操作程序和步骤，与之对应的教学活动的基本阶段及其逻辑顺序。教学模式中的操作程序是相对稳定的，但不是一成不变的。

4. 实现条件（手段和策略）

实现条件指促使教学模式发挥效力的各种条件（如教师、学生、教学内容、手段、时间、空间等）的最优化方案。

5. 评价

指评价的方法、标准等。每种教学模式一般都有适合自己特点的评价方法和标准。

从以上的构成要素我们可以看出，教学模式与我们所熟知的教学类型、教学设计等概念在内容上有一定的交叉重叠。教学设计和教学模式是从不同角度、不同功能划分出来的两个概念，教学设计既可以针对某个教学类型，也可以针对具体的教学模式，甚至针对专门的课程或课型。教学类型与教学模式是不同范畴、不同层次的两个概念，前者是从教育学、教育管理学角度划分出来的概念，较为宏观、固定；后者则是课程教学论层次的概念，较为具体、微观，某个教学类型从整体或局部上可以包含多个教学模式，而典型的教学模式有时也可以以个体代替一般，扩化为一种类型。

教学模式有不同的类型。国外的一些学者根据教学模式的理论根源，把教学模式分为社会型教学模式、信息加工型教学模式、个人型教学模式、行为系统型教学模式等，其中许多教学模式的形成如皮亚杰的认知发展模式、加涅的累积学习模式、斯金纳的程序教学模式等，都对第二语言教学产生过直接的作用或重大的影响。第二语言教学历史实质上也就是语言教学模式的发展史，从较早的直接法、情景教学法、视听法，到影响巨大的交际语言教学法，再到新兴的自然法、暗示法等，或者教学法本身就是一种教学模式，或者教学法由先后多个教学模式组成。以影响最大、流派众多的交际语言教学法为例，从20世纪70年代诞生开始到20世纪末，在功能语言学理论和社会语言学理论的影响下，交际语言教学先后形成并发展出多种教学模式，如结构－功能式模式、功能－意念式模式、互动式模式、任务式模式、自发式模式，等等。教学模式的创新与发展成为第二语言教学理论和实践发展的核心部分。

三、对外汉语教学模式分析

所谓对外汉语教学的教学模式，就是从汉语独特的语言特点和语言应用特点出发，结合第二语言教学的一般性理论和对外汉语教学理论，在汉语教学中形成或提出的教学（学习）范式。这种教学（学习）范式以一定的对外汉语教学或学习理论为依托，围绕特定的教学目标，提出课程教学的具体程式，并对教学组织和实施提出设计方案。它既是一种形而上理论的反射体，又具体落实到教学中的一招一式，是细化到课堂教学每个具体环节、具有清晰的可操作性的教学范式。

一个好的或者说成熟的教学模式自然需要经过规模性的、反复的教学实验验证后形成。无论是从理论假设出发的设计模式，还是根据教学经验升华的经验模式，实验环节是必不可少的一环。例如对外汉语教学界已经操作多年并达成共识的"基础阶段句型教学模式"，就是根据早期的"听说法"的理论，把汉语语言组合规则形式化为200个左右的基本句式，并假设通过这些句式的教学可以让学生获得汉语基本的规则并具备初步的汉语能力。句型教学模式从20世纪60年代开始引进至今，经过多次的改进和演化，从教学内容、句型的梳理、句型教学的程式等方面逐渐规范、成熟，句型教学模式也得到了广泛的应用，成为基础阶段汉语教学的一个主流模式。

1. 分技能教学模式

这是基础汉语教学阶段的一个教学模式，受到听说法、功能法、交际法等多种教学模式的影响。该模式认同交际技能的培养是语言教学的根本目的，认为分技能教学是语言教学的最佳途径，因而主张以汉语交际技能为培养目标，以汉语综合课为教学的核心内容，按照语言技能项目分设课程。

2. 语文分开、集中识字教学模式

这是初级阶段针对欧美学生学习汉语的一个教学模式。该模式受传统的识字教学方法的启发，结合了汉字以及汉字学习的特点。在教学程序和教学安排上，该模式主张把口语教学和汉字教学分开，先语后文；把汉字教学中的写字教学和识字教学分开，先写后识。

3. 实况视听教学模式

这是中高级教学阶段培养学生新闻视听能力的一种教学模式。该模式借鉴了交际教学法和话语分析的一些主张，提出让学生视听实况材料，培养学生接受真实信息并直接用于实际生活需要的技能。

4. 汉语交际任务教学模式

这是短期汉语教学的一个教学模式。该模式借鉴了交际教学法中的任务式大纲模式，以提高汉语交际能力为目标，以功能－意念大纲为基础，从汉语语言交际的实际需要出发，把语言交际内容归纳为一系列交际任务项目，并按语料难易和繁简程度分级。该模式主张以交际任务为教学组织单位，让学生通过大量的交际性操练掌握相应层级和数说的汉语交际任务项目，提高学生的汉语交际能力。

此外，以图片为基础的汉语教学模式、以挖掘潜能为基础的汉语速成教学模式、以语言微技能训练为重点的听说技能训练模式等，都是对外汉语教学实践中具有一定典型意义的教学范式或模式设计。

实际上，在对外汉语教学实践中隐含着大量的教学模式雏形，这些雏形具备了模式的部分特征并且具有一定的示范意义和明显的应用价值，需要我们去挖掘、开发、梳理。正因此，我们才有理由提出进行相关课题的分析研究。

四、进行汉语教学模式化研究的意义

进行汉语教学模式化的研究不仅是教学实践发展的需要，也是教学法理论系统化、完整化的需要；不仅是提高教学质量的需要，也是向海外广泛推广和普及汉语教学的需要。

1. 连接基础研究和教学实践，形成系统一体化研究

我们对汉语教学的研究，习惯于采取以分析思维为主导的研究方法，基础研究和教学应用研究被割裂，重视对教学各部分进行分别细致的研究而忽视对各部分相关关系或者基础与应用的一体化研究。教学模式的研究可以帮助我们从总体上以系统论的视角去综合地认识和探讨教学过程内外部因素之间的关系及其多样化的表现形态，有利于我们

形成一体化的系统研究，从而促进对外汉语教学的整体研究水平。

2. 建立自己的品牌、输出规则

教学模式作为一种具有典型示范意义的教学范式，同时具有一种品牌效用。中国作为汉语的母语国，在推广和普及汉语教学工作中必须建立自己的有说服力的品牌，必须具有国际意识，即国际领先和模式输出意识。近几年来，汉语教学的外来模式越来越多，对我们自身的汉语教学冲击也渐有显现。这种冲击，从交流和学习的角度看是大有益处的，但作为汉语教学的母语国，我们责无旁贷地应当占领这一教学领域的制高点，在汉语教学国际化进程中，掌握制定规则、输出规则的主动权，不能再像其他领域那样被动地接受别人的规则。创建新的具有品牌意义的教学模式是我们能够继续领导世界汉语教学潮流的一项重要举措。

3. 缩小与国际第二语言教学法研究水平的差距

第二语言教学实践的发展历史实际上就是语言教学模式的发展史，对外汉语教学在教学法上的每一次变革也主要是受到国外相关的教学模式的影响而出现的。现行的对外汉语教学法与英语作为第二语言教学法的显性差距也主要体现在教学模式的欠缺和不成熟。创建好的教学模式对带动优秀品牌教材的编写、优秀教师的培养、品牌课程的形成都有推动作用。

4. 形成规范化、科学化教学体系，提高教学效率

语言教学是涉及多个主体、多项因素的系统工程。没有一定的规范，教学质量和效果很难得到保证。而教学模式是语言教学观念、理论、原则、方法、技巧等的集中体现，是对具体教学实践活动的一个"标准"规范，创建科学高效的教学模式对提高教学效率和教学质量，促进对外汉语教学水平的整体发展起着关键作用。

5. 教学的最优化解决方案

教学模式必须立足于具有典型示范意义和广泛应用价值，是针对当前的各方面条件提出的一种解决当前任务的最优化方案。随着理论研究的深入和教学实践的发展，教学模式也将不断推陈出新、改进完善，从而受到使用者的认同。

汉语教学的模式化研究是一个迟到的课题，也是一个极有意义的课题。回首国际第二语言教学的发展历程，正是对第二语言教学的模式化研究造就和吸引了无数著名学者。对外汉语教学虽然还只是一个年轻的学科，有许多亟待解决的课题，但从教学模式化角度对本体理论、教学理论、学习理论进行系统研究有特殊的意义，这种研究必将推动对外汉语教学事业的发展。

第二节　语文分开与集中识字

集中识字是我国传统的识字教学法，由于这种方法是根据汉字的特点创造出来的，符合识字教学的规律，所以我国儿童采用这种方法可以在短期内识大量汉字，快速提高书面阅读的能力。

对外国人能不能进行集中识字呢？我们认为，是可以的。因为"学习的主体虽有儿童和成人之分，母语为汉语和外语之分，但只要是人，其学习汉字时的感知、记忆、联想和思维过程都存在共同的规律，相似处大于差异处"。因此，如果我们在课程的总体设计和教材的编写上考虑到外国人学习汉语的特点，对他们进行集中识字教学也同样会获得成功。

最近几年，为了解决外国人汉字难学的问题，更准确地说，为寻找一种既有利于他们学习口语，又可以减轻他们学习汉字的难度，快速提高他们阅读能力的方法，我们把传统的集中识字的方法引入对外汉语教学。通过不断的摸索和实验，我们在口语教学和汉字教学两个方面都取得了较好的教学效果。

下面将我们的总体设计和集中识字的具体做法及教学效果做一下介绍。

一、总体设计

我们的总体设计可以概括为两个"分开"和两个"先后"，如表4-1。

表4-1

口语教学	口语课（使用汉语拼音）	
汉字教学	写字课	识字课

第一是"语文分开"，即把口语教学和汉字教学分开。具体做法是，口语课作为独立的课型，只进行口头交际的听说训练，整个基础汉语教学阶段的口语教学都借助汉语拼音来进行。汉字教学另设课型、另编教材。

第二是"识写分开"，即把汉字教学中的写字教学和识字教学分开。具体做法是，分设课型、分编教材。写字教学的目的是使学生了解汉字的构造规律，使学生掌握书写汉字的基本技能。教学重点放在教独体字和构成汉字的偏旁部首上，步骤是先教独体字，再教合体字，按照汉字结构的规律，先易后难，循序渐进地进行。识字教学的目的是使学生建立汉字形、音、义之间的联系，重在对汉字的认读。识字教学采用集中识字的方法，以便快速提高学生的阅读能力。

两个"先后"，一个是"先进行口语教学，后进行识字教学"。也就是说，在学生具有一定的口头交际能力之后再进行识字教学。具体地说，我们是在初级口语教学进行了一半（大约120学时）以后才开始集中识字教学。另一个是"先进行写字教学，后进行识字教学"。也就是说，在学生了解了汉字的构造规律以及掌握了书写汉字的基本技能后再进行集中识字教学。

在教学初期我们只开两门课，一门是口语课，一门是写字课。在课时上我们将大量时间用于口语教学，少量时间用于汉字教学。见表4-2。

表 4-2

1	2	3	4
口语课			写字课

在识字教学阶段，课时的安排不变，只是把"写字课"改为"识字课"，表4-3。

表 4-3

1	2	3	4
口语课			识字课

二、总体设计的意图

（一）"语文分开"的意义

我们认为，除了汉字本身的特点以外，造成外国人汉语难学的主要原因是在基础汉语教学阶段采用"语文一体"的教学模式。

"语文一体"的模式适合教使用拼音文字的语言。英语、法语等拉丁语系的语言，其文字是拼音文字，在教材编写上采用"语文一体"的做法是很自然的。因为，文字可以辅助发音，会了发音就有利于记忆和书写词汇，所以"语文同步"，听、说、读、写并进，对"语"和"文"两方面的教学可以起到相互促进的作用。而汉字不是拼音文字，采用这种模式来进行汉语教学，效果就截然不同了，"语"和"文"双方起的不是促进作用，而是阻碍作用。

拿口语教学来说，口语的内容用汉字来书写，由于汉字字形不表示音素的组合，学生认读困难，所以必然要拖口语教学的后腿，使口语教学进行得不可能很快、很顺利（其实汉语作为"非形态语"，对初学者来说，口语比"形态语"要容易学得多）。

拿汉字教学来说，"语文一体"的教材必然形成"文从语"的教学模式，即汉字教学服从于口语教学，也就是说，学什么话，教什么字。汉字的形体构造是一个有规律的、可进行分析的系统。汉字的基本笔画构成少量的独体字和偏旁（部件），由这些独体字和偏旁（部件）构成大量的合体字。汉字书写教学适合采用先教独体字和偏旁（部件），再教合体字这种由易到难、由简单到复杂、循序渐进的方法，而"文从语"的结果，使汉字出现的顺序不可能按照汉字书写教学的系统性来进行，这样必然导致汉字的书写教学变得杂乱无章，这种方法使得本来就很难学的汉字显示不出它的规律性来，从而使汉字书写教学难上加难。

从培养学生的书面阅读能力来说，"文从语"的做法，在教材的编写上要从口语教学的要求和原则来考虑。口语中能独立运用的最小的造句单位是"词"，所以教材中也自然要以"词"作为教学的基本单位，不可能以"字"作为教学的基本单位。在教"中国"一词时，必然只介绍"China"这一词义，而不会介绍"中"和"国"两个字的字义。这种方法考虑的是"识词量"，而不是"识字量"。学生学了一定数量的词汇，但所学的汉字数量是不多的，而决定一个人汉语书面阅读能力的是"识词量"呢？还是"识字量"？我们认为是"识字量"。因为"词"是由"字"构成的，有限的汉字构成了无限的词，知道字音可以读出词音，知道了字义便于理解词义，"字"学得越多，会念的"词"就越多，了解的"词义"也就越多。也就是说，"识字量"决定了"识词量"，所以，我国语文教学历来是以"识字量"作为衡量一个人书面阅读能力强弱的标准。因此，要想快速提高学生的阅读能力，就要想办法提高学生的"识字量"，让学生多识字、快识字，而"文从语"的做法从识字教学的角度来看，识的字不仅量少，而且速度也慢，不可能快速提高学生的阅读能力。

总之，无论从汉语的口语教学还是从汉字的书写教学和识字教学方面来分析，采用"语文一体"的模式对汉语教学来说，都不能算是一种最好的方法。正如从事多年对外汉语教学的专家李培元和任远先生在第一届国际汉语教学讨论会上所说的："语文并进"的教学安排，必然形成一个"语文一体"的教学体系。这种教学体系，不仅不能按汉字的结构规律出汉字，而且由于汉字难学，听说训练也会受到很大影响。

"语文分开"，借助拼音来教口语使口语，教学可以不受汉字的阻碍，从而可以快速提高学生的口语听说能力（有人已经这样做了，如美国耶鲁大学出版的基础汉语教材就有"拼音本"，北京外交人员语言文化中心编写的《容易学》也是用拼音来教口语）。另外，"语文分开"更有利于汉字教学。因为这样做，既可以按照汉字结构的系统性来进行汉字书写教学，又可以进行集中识字教学。也就是说，只有把"语"和"文"分开了，才有可能把汉字教学化难为易，才有可能快速提高学生的阅读能力。打个比方来说，采用"语文一体"的做法像是把一个人的两条腿绑了起来，哪条腿也迈不大，"语文分开"等于是松了绑，结果两条腿都可以迈大步，走得也就快了。

（二）"先进行口语教学，后进行识字教学"的意义

中国孩子采用集中识字的方法能在短期内识大量的汉字，一个重要因素就是他们在识字前已具有一定的口语能力。我国著名心理学家艾伟通过实验研究儿童识字问题时就发现：字音掌握的难易也与该字（词）在口语中出现的机会有关，口语中说过的字（词）感知和发音就比较容易。也就是说，学生的口语水平越高，识字就会越容易、越快，具有了较强的口语能力会对识字教学起到促进作用。其实，我国扫盲工作的经验也证明了这一点，我国的文盲之所以能在短期内摘掉文盲的帽子，其中一个重要因素也是他们已经具有了口语能力。

（三）"识写分开"的意义

写字教学的目的和内容与识字教学是不同的，两者很难统一。写字教学重在字形教学，是为了让学生了解汉字的构造规律，教学应该是按照汉字形体构造的系统性来安排的，适合采用先教独体字和偏旁（部件），再教合体字这种由易到难，由简单到复杂，循序渐进的方法。而识字教学重在字音教学，重在对汉字的认读，识字教学要在短期内让学生识大量的汉字，由识字过渡到阅读，所以识字课本中汉字出现的顺序不可能照顾到字形结构的系统性。"识写分开"的另一个目的是分散难点。汉字的"书写"比"认读"难得多。如果"识写不分"，在识字教学的同时进行写字教学，那么，写字教学一定会拖识字教学的后腿。为此，我们把"识写分开"，编写了两种课本，一本是写字课本，一本是识字课本。

日本学生比较特殊，他们已经具有了汉字的书写能力，所以可以不进行写字教学，只进行识字教学。

（四）"先进行写字教学，后进行识字教学"的意义

前面已经讲了，识字教学适合安排在口语教学之后，那么写字教学安排在识字教学之前还是之后呢？我们认为安排在识字教学之前为好。通过写字教学，使学生了解汉字字形的构造规律并具有了分析和书写汉字的能力后再进行识字教学，这样对识字教学会起到一定的促进作用。如果把写字教学放在识字教学之后就太晚了，所以安排在教学初期较好。另外，写字课由浅入深、循序渐进、有规律地进行，学生们不仅不会感到困难，而且会被汉字文化的魅力所吸引，从而对学习汉语产生浓厚的学习兴趣。

三、集中识字教学

（一）编写教材

在编写识字课本前，我们思考了这样几个问题：（1）集中识多少字？（2）集中识哪些字？（3）每天识多少字？（4）怎样进行集中识字？（5）怎样由识字过渡到阅读

短文？

我们把初级汉语教学阶段的识字量确定为 1000 个左右，而且这些汉字应该是最常用的、使用率最高的。我们把每天的识字量确定为 25 个左右。

为什么确定为 1000 个最常用字呢？根据两点：①我们调查一般的基础汉语教材都不超过 1000 个汉字；②北京语言学院语言教学研究所编写的《常用字和常用词》中所统计的 1000 个最常用字其覆盖率达到近 80%。所以，让学生识 1000 个最常用字基本上就达到了基础汉语教学的要求。

为什么确定每天让学生识 25 个汉字呢？这个数字是通过实验确定的。另外，每天用一个学时让学生识 25 个字，40 天识 1000 字，这个速度是相当快的。

对于怎样进行集中识字，具体地说，怎样才能让学生一天识 25 个汉字？由于汉字字形不表音，所以要想记住字音、字调，就必须进行反复的认读练习。另外，如果每天把 25 个汉字孤立地教给学生，学生很难记住。因此，要想让学生在尽可能少的时间里记住较多的汉字，教材上就要满足两点：一是要连字成句；二是句子的含字量要大，但句子又要短小，这样既好读又使学生在最少的时间里可以获得够多的重复认读的次数。为了做到这两点，我们把 25 个左右汉字编成一个句子，而且句子中尽量不重复或少重复用字，使句子既含有 25 个新汉字，但又短小、上口。

（二）具体教法

教学进度设计为一天一课（每天教一个短句，25 个左右新汉字）。在实际教学中，开始学生会觉得较容易，所以可以快一点儿，然后逐渐放慢速度。第一天可以教三课，第二天、第三天、第四天每天可以教两课，从第五天以后每天教一课。也就是说，前五天可以让学生识 250 个汉字。

每课的教法是，在课堂上，从单字开始，由字音、字义到词音、词义，最后到朗读短句。课堂上可以让学生念，也可以老师领读。最后教师留作业，让学生课下跟着录音反复朗读新学的短句。第二天上课首先是复习和检查对所学过的短句的认读。所谓复习，就是对已经学过的短句从第一句开始进行朗读，以防止遗忘。因为短句不长，念一遍只用十几秒，所以用几分钟就可以把学过的短句复习完。复习的方法：学生个人单念和集体齐声朗读相结合。复习之后检查前一天新学的短句，方法是让学生一个一个念，老师进行正音、正调。对汉字认读的次数越多，学生识字的能力就越强。编写的句子之所以写得短小、含字量大、尽量不重复用字，为的就是在课堂上能让学生多重复认读，因此，课堂教学的原则就是：尽可能增加学生反复认读短句的次数。

在学生能把新学的短句念下来以后，让学生念组词部分的词。对这部分词重在让学生认读。对于词义，有的词他们在口语中已经学过，在这儿只是和汉字对上号，如：常常、经常、现在、上午、明年等；有的词他们根据字义可以推解出词义，如：中餐、西餐、中学、小学、鞋店、古人、古代等；有的词通过简单的讲解可以使学生理解，如：祖国、字母、作家；有些不容易理解的词可以让学生查阅词典。在让学生认读这部分词时，教师可以利用所出的词语进行一定的口语练习。

对于每学习五课后所插入的一篇短文，主要是让学生朗读。对于短文中学生不懂的词或句子，教师进行必要的讲解和说明，方法像一般的短文教学一样。

我们的教法可以归纳为：短句天天念，学新不忘旧，以句带词，以词带字，以字组词，识字和阅读相结合。

第三节　词汇集中强化教学模式

一、语言习得的心理过程

多年来科学界对人脑认知过程的研究有了重大进展，因此一门新兴的学科——认知心理学兴起。语言习得是人类认知的一部分，很多科学家对此做了大量的研究，他们的研究成果已经足以使外语教学（包括对外汉语教学）产生一场革命。

（一）习得与学习的区别

克拉申的习得与学习假设对语言认知研究产生了巨大的影响。现在外语教学界差不多人人都在谈论习得。克拉申认为习得是儿童获得第一语言的途径，是下意识的、隐含的，而学习是有意识的，是正规地从语言学方面来理解语言，就像现在我们的课堂教学那样。他经过研究得出结论：要获得一种语言，习得是首要的，而学习则是辅助性的。而且他认为学得的语言知识不可能转化为习得，也不能用来自然表达思想。克拉申的另一个重要理论是他的输入假设：我们是通过可懂输入习得语言的，注意力集中在信息上，不是集中在语言的形式上。实际上克拉申已经否定了我们现在外语教学的很多做法。

因为我们的外语教学既是有意识的学习，又把注意力过分集中在语言的形式上，所以对于克拉申的理论，我们多数人有一种复杂的感想：既觉得它有道理，又觉得它有些片面，但是对它的得失、对错又说不太清楚。我们每个人都有体会，语言确实有很多东西是习得的，学语言跟学数理化不一样。但是如果不像现在这样学，那又该怎样学？

克拉申的语言习得理论中有一个很重要的假设是，人类头脑中有一个语言习得装置，当可理解的语言信息输入大脑以后，这个语言习得装置就会自动地习得语言。虽然他对这个语言习得装置的内部结构没有做任何说明，但是我们可以从乔姆斯基的理论中找到解释。乔姆斯基认为语言是生成的，因为人脑中存在着普遍语法，世界上所有语言都有某些共同的原则，这些原则是遗传的，是人类头脑中固有的。婴儿生下来头脑中就有一些语言参数，这些参数的值处于待定状态。婴儿生活在某种语言环境之中，某种语言不断输入，这时参数值就得到确定，形成特定语言的语法。

（二）知识的分类

我们可以对知识做各种分类，这没有什么惊人之处。但是近年来认知心理学家对知识的分类却非同小可。他们将知识分为两类：一类是陈述性知识；另一类是程序性知识。

陈述性知识是关于某一件事是事实的知识。比如我们知道三角形是有三条边的封闭的平面图形，这就是陈述性知识，我们能够回答"三角形是什么"这样的问题。陈述性知识在记忆中的储存形式是命题，表示陈述性知识的基本手段也是命题。

程序性知识是关于怎样做一件事的知识。例如我们能够将大大小小的三角形从其他各种图形中分出来，这就是程序性知识。能够分出三角形的人并不一定能够回答"什么是三角形"。表示程序性知识的基本手段是产生式。

当陈述性知识被激活的时候，结果是信息的再现。当程序性知识被激活时，结果不是简单的信息再现，而是信息的转换。我们可以看出，陈述性知识是定义性的，而程序性知识是操作性的。因此陈述性知识是知其所以然的知识，而程序性知识只要知其然，不一定要知其所以然。

什么是产生式？产生式可以用条件—操作规则来体现。如果存在某种条件，那么操作就可以按照规则产生。一个产生式有两个分句，首先是表示条件的if（如果）分句，然后是表示操作的then（那么）分句。例如：

if（如果）图形是平面的

而且图形又是三条边的

而且图形又是封闭的

then（那么）就把图形归类为三角形

因此程序性知识有两个方面：一个方面是型式识别程序，这就是if（如果）分句的内容，这是识别与区分刺激物的能力；另一个方面是操作—次序程序，这是then（那么）分句的内容，是执行一系列操作的能力。所以学习程序性知识首先要学会辨认型式，然后要学会执行一系列的操作。

区分陈述性知识与程序性知识对于外语教学和对外汉语教学非常重要，因为这两种知识的获得过程非常不同。

陈述性知识的获得是新的命题与记忆中原有的相关命题建立联系然后储存在命题网

络中的过程，所以获得陈述性知识相当于创造意义。学习一个复杂的理论问题，需要对理论进行分解，使理论中的新命题与学习者的已知信息逐一建立联系。建立起了联系就是建立起了意义，就对理论产生了理解。如果不能建立联系，那么就不能获得意义，这时候就需要老师进行分析讲解，帮助学生在新命题与已知命题之间建立联系。联系建立起来的时候就是知识获得的时候，学生就会说：懂了。学习陈述性知识是懂不懂的问题，学习陈述性知识时老师的讲解是必要的。

程序性知识并不是以命题的形式储存和表达的，而是以产生式的方式存在。学会一个产生式，必须学会辨认型式并且学会一系列操作。学会辨认型式可以通过经验，而不通过老师的讲解。例如儿童在上学以前就能够习得数以千计的词，这些词主要靠他们自己在经验中概括和区别获得。但是适当地指出型式之间的区别特征对于学习是有利的。型式识别程序完成以后就为操作一次序程序做好了准备。学习操作首先得用陈述性的形式来表示操作的一系列次序，然后按次序一一操作。操作一次序程序的获得是一个缓慢的过程，而且常常会遭到挫折。这与陈述性知识的获得过程有根本的区别。学习陈述性知识只要懂了就算会了，学习程序性知识懂了并没有会。学习程序性知识主要的方法是练习操作。

对外汉语教学中的知识是什么知识？当然是既有陈述性知识又有程序性知识。学生应该着重学习什么知识？那要看学汉语的目的。要是为了研究汉语，那当然以学习陈述性知识为主。如西方的一些汉学家，他们掌握了很多汉语知识，但他们不能用汉语交际，那些知识都是陈述性知识。当然这样的情况很少，多数人学汉语是要把汉语当作交际工具。用来交际的汉语知识是技能性的、是程序性知识。我们把语言技能分为听、说、读、写四种，技能就是一系列操作一次序程序。

汉语的表达方法，包括语法、词汇等，都是既有陈述性知识又有程序性知识。比如语法，写在书上的语法都是陈述性知识，讲解已经归纳出来的语法知识就是讲解陈述性知识，而存在于人们头脑中用来指导交际的语言规则是程序性知识，与写在书上的语法是两回事，即使把书上写的语法都背下来装在脑子里，那也还是陈述性知识，可以用来应付考试，也可以用来做研究，但是不能用来交际。因为程序性的语法规则是从反复操练中获得的。所以反复操练是语言习得的首要条件。

陈述性知识作为研究的对象，可以讲出很多道理来。所以无论语音、词汇、语法还是文化都有很多人在研究，已经发表了无数的论文和专著。而程序性知识是潜在的，我们意识不到它的存在，无法进行研究。如果研究，研究出来的成果是陈述性知识。心理学和生理学研究表明，人的大脑两个半球的分工是不同的，根据他们的研究，我们可以推测，学习陈述性知识是大脑左半球的功能，学习程序性知识是大脑右半球的功能。大脑右半球的程序性知识是无法表达的，如果要表达就得通过左半球去寻找适当的词语，一旦表达出来就成了陈述性知识，而不是程序性知识本身。所以即使你听懂了这样的表达，仍然学不会程序性知识。例如一个人要学骑自行车，别人告诉他怎样骑自行车，他虽然听明白了，但只要一上车，他照样摔跟头。只有自己不断地练才能练会。研究表明，对于词语和语义的记忆是在大脑的左半球，对于技能的记忆是在大脑的右半球。如果用学习陈述性知识的方法学习语言，那么学来学去知识都在大脑的左半球，不可能在右半球形成交际的技能。

程序性知识是动态的，是信息的转换。听、说、读、写四项技能的运用都是转换。说、写是从意义转换到表层形式，听、读是从表层形式转换到意义。转换是对环境的反应，所以程序性知识与环境相联系。用汉语交际也需要一定的陈述性知识，但通常层次的汉语运用并不需要陈述性知识的深度，只需要一些基本的知识，这些知识反映在练习操作之前的型式辨别与操作步骤的说明上。

认知心理学对知识的这种划分与克拉申的习得理论是一致的，用学习的方法只能获得陈述性知识，要获得程序性知识必须用习得的方法。

虽然我们能够分清这两类知识的差别，可是在教学中我们常常搞错，在应该按程序性知识教学时，却大讲陈述性知识，而且还自以为这样才学得扎实，因此讲解太多。尤其是陈述性知识较多的老师，很想把自己的知识传授给学生。陈述性知识靠传授，程序性知识靠练习。在初、中级阶段学生需要的是练习，所以传授的方法就导致教学进入误区。但更大的问题是，现在的教材是按学习陈述性知识的思路编写的，所以无论任课教师如何努力想用习得的方法来教学，在总体上却无法跳出这个误区。因此，改革必须从总体设计和教材着手。

（三）语言习得的两种心理机制

1. 生成机制

语言是生成的，人们并不需要学习实际存在的每一句话，而是可以通过规则来造句。这一点是人所共知的常识，即使行为主义心理学和结构主义语言学也承认这一点，否则教授语法结构就没有意义。听说法的替换练习就是一种语言生成练习。但这种在意识指引下的组词造句并不是现代意义的语言生成。现代生成语法理论的要点是人的语言能力具有一种生物学的规定性，是先天的。人脑中存在着一种无意识的语言规则，在语言环境的影响下，语言会根据这种无意识的规则生成。学龄前儿童没有学过任何语法规则，但他们到五六岁时已经能够说很地道的母语。一个成年人滔滔不绝地讲话，他的脑子里根本没有用意识指引造句的过程。显然语言是在无意识的生成机制下产生的。可见生成机制在语言习得过程中起着重要的作用。当然人们在意识指引下也可以组词造句，但那不可能形成流利的语言交际能力，这样的组词造句属于另一种认知系统的机制。

2. 记忆机制

生成只是语言习得过程的一部分，而不是全部。另一种重要的机制是记忆。首先，语言不仅仅是语法，还包括更广泛的内容，如语音、词汇、语义等。语符与语义的关系是约定俗成的，很多表达方式是习惯性的。既然约定俗成，那么就没有什么规则可言，生成机制在这时候就不可能起作用，只有记忆系统才可能习得这些表达方式。语言的大量词语、惯用语、固定结构以及"对什么人在什么场合和什么时间用什么方式讲些什么和不讲什么"，等等，这些都靠记忆。其次，大量的语言事实表明，即使是语法规则也存在着不少非规则性的例外，语言的规则显然并不是那么整齐划一。

二、对现有总体设计的评价

（一）语音教学与句型教学的成功

应该肯定，目前的语音教学基本上是成功的。语音作为汉语学习的开始，一定要打好基础，所以语音一定要从单音教学开始，让学生明确地知道汉语的语音特征，然后逐渐地从单音到音节，再从音节到语流。语音阶段要有大量的口腔操练，从模仿开始，把汉语的声母、韵母和声调练得滚瓜烂熟。但是学生们接受新语音的能力不一样，要做到人人语音标准实际上是不可能的。

目前最成功的是句型教学。在较短的时间里把汉语的基本语法集中起来进行强化训练，几十年的实践证明这种方法有效，而且效率比较高。在句型阶段，教师们觉得教学很顺，学生们觉得学得很充实，每天都有进步，三个月下来就惊喜地发现自己有了很大进步。因此句型教学受到普遍的欢迎。这是结构主义语言学和行为主义心理学在外语教学中留下的丰碑。但是句型教学在前些年受到很多批评。有人说机械的句型操练脱离语言情景，并不能形成流利的交际能力；有人说语言不单是结构，更重要的是功能；等等。确实，按照听说法的构想，学会了句型就等于学会了一种语言。这显然把复杂的语言现象看得太简单了。事实上只凭句型教学不可能达到那样高的目标。听说法的问题在于它用句型教学代替了整个外语教学。事实上句型阶段结束以后外语教学并没有结束，只是外语教学的初级阶段结束了。句型教学的优点在于它对语言的基本结构进行集中强化训练，能够在较短的时间内给学生打下一个良好的基础。这个基础对于进一步学习无疑是非常重要的。克拉申的输入假设确实有道理，但输入必须可懂，我们可以用句型教学的方法帮助学生尽快地掌握语言的基本结构，以便尽快地达到对汉语材料的理解。与早期的句型教学不同的是，我们现在的句型教学已经不仅仅是机械的句型替换，而是把新句型编进了对话和课文，这样就有了一定的语言情景。如果说目前的句型教学还有什么不足的话，那就是强化的程度不够高，学生对每一种句型还没有达到滚瓜烂熟的程度。

从语音和句型教学的成功,我们可以清楚地看出,语言教学有两点是非常重要的:第一点是目标要明确;第二点是集中强化。

(二)句型阶段以后的错误

在句型阶段结束以后,我们开始了短文教学和以较长的文章为课文的精读课(或者称为综合课)教学。这时候效率就越来越低,这是教师和学生的共同感受。学生们觉得学得很辛苦,但是收获不大。好像是在爬坡,爬来爬去爬不上去。这是为什么?其实原因非常明显:句型阶段结束以后我们面临一种选择,外语教学向何处去?教什么?怎么教?我们来到了一个十字路口。现在我们是走了短文教学和精读课的路子,正是这一步,我们走到了误区。首先是教什么学什么我们失去了目标。语音阶段和句型阶段我们的目标非常明确,必须把这么多东西学完。学会了这些东西就有了掌握的感觉。但是短文和精读课阶段我们的目标是什么?有什么是必须学的?无论短文课还是精读课都是以课文为核心,编教材的时候是先选课文,然后从课文中挑生词、找语法点,最后编练习。为什么要以课文为核心来教学?走这一步有什么道理?选课文的时候为什么一定要选这篇文章,选另一篇文章不可以吗?实际上是选到什么算什么,带有很大的偶然性。课文里有什么词语就学什么词语,课文里有什么语法就学什么语法,碰到什么学什么,碰不到就拉倒。教学内容无定是因为我们的教学失去了方向,不知道应该教什么了。在语音和句型阶段,我们没有以课文为核心,句型阶段以后为什么觉得一定要以课文为核心呢?语言三大要素:语音、语法、词汇。首先,在对语音和语法进行强化训练以后,按理应该对词汇进行强化教学。以课文为核心的精读课显然不是对词汇的强化教学,那么为什么要放弃对词汇的强化训练?其次,是放弃了集中强化的手段。语音和句型阶段我们很少讲解,把时间尽可能地用于操练,务必要把所学的内容练得滚瓜烂熟。这是很清晰的程序性知识习得思路,我们成功了。到了短文阶段,课文中出现的语言点显得零零散散,而且不能像句型阶段那样进行大量操练,词语和语法只好以老师讲解为主。课文后虽然附有一些练习,但这种练习不再是集中强化的操练形式,练习做完了并不能留下多少印象。这样我们不知不觉地放弃了程序性知识的习得方法,而代之以学习陈述性知识的方法。

尽管外语教学流派林立,各种教学法风靡一时,但它们都不过是初级阶段的教学方法,都没有涉及中级阶段的教学。而在初级阶段,没有一种新教学方法能够离开句型,都不过是在句型教学的基础上做了一些改进的尝试。它们虽然各有长处,但没有一种新方法比句型教学更简洁有力、更容易操作,成绩更显著。因此它们无法战胜句型教学。但是外语教学不单单是句型教学,语言有更复杂、更丰富的内容,仅仅掌握一些基本句型,要用来应付千变万化的语言情景是很困难的。外语教学还有中级阶段。实际上对于我们来说,迫切需要的不是改进初级阶段的教学方法,而是怎样把外语教学深入下去,开拓中级阶段教学的新思路、新方法。

因为非常用词的出现频率较低而可以忽视的看法也是不对的。非常用词虽然在个体上没有常用词出现得多，但它的数量却比常用词多 10 倍，因此从群体上说它跟常用词一样常见。如果你只掌握 5000 个常用词，那么交际中就会不断地碰到生词，而且在不同的场合碰到的是不同的个体，使你的外语交际遭到失败。所以外语教学不能避开非常用词。

三、改革思路

（一）取消精读课

我们说精读课失败，主要不是指课程本身失败，事实上有的老师能把精读课上得很好。我们说它失败，是指它在扩大词汇量这一点上效率太低，以课文为核心的方法不可能迅速扩大词汇量。我们不能不把中级阶段对外汉语教学的失败归结到主课——精读课上，它是我们在十字路口迈出的错误一步。精读课的错误在于它太倾向于把语言知识作为陈述性知识来传授。句型教学结束以后，学生们听、说、读、写四项技能并没有形成，只是打了一个基础。因此下一个阶段必须继续进行技能练习。这里说的练习并不是精读课课文后边的那种练习，而是指听、说、读、写的实践。

我们要用大量的输入使学生形成听和读的理解能力，这是最根本的。理解能力不够，表达能力当然更谈不上。在词语集中强化阶段，我们要使每一个新词语都在不同的上下文中反复出现。近几年来我们常常讨论语言习得，有些老师感叹成年人已经没有儿童那样习得语言的条件，因此只能用学习的方法来教学。但是没有条件并不意味着可以改变语言习得的规律，用学习陈述性知识的方法去代替学习程序性知识。用于交际的语言知识只能通过习得的途径得到，不可能通过学习的途径得到。实际上儿童学习母语的优越条件在于无所不在的语言环境。如果我们再深入思考下去，就会发现这个优越条件的实质是数量，即儿童习得母语时有足够的听、说实践机会，也就是说有足够的练习次数。符合语言习得规律的条件并不是必须像儿童那样生活，而是必须像儿童那样有练习和实践的足够次数。对外汉语教学无法创造像儿童那样生活的环境，但是我们可以创造数量。数量是实质，数量就是语言环境。抓住了数量就抓住了实质，创造了足够的数量就创造了语言环境。我们必须强调输入的数量。精读课那种拿少量材料慢慢读细细讲的办法完全违背了语言习得的规律。

（二）词语的集中强化教学

心理学家们在研究记忆的时候对词语习得的规律做过很多研究。词语是以网络的形式储存在记忆中的，孤立的词不容易记住，也不容易检索出来。因此在词语教学中要利用类似、对比、联想、连接等方法，使词语进入网络，并且把整个网络端给学生。假如在初、中级阶段我们的目标是 2 万个词语，首先要对这 2 万个词语按语义场进行分类，使每个词都进入一定的语义场。假如某个语义场的词数量不多，就可以一次突击学完，或者分两次进行。假如某个语义场的词语数量很多，可以分三个阶段来突击。2 万个词语（其中近 2000 在初级阶段已经学过）可分三个循环进行集中强化，按词语的出现频率分配到一至三个循环里。每一个循环里，一个语义场为一课，一课学一个星期。假如第一循环第一个语义场有 250 个词语，那么先把词表给学生，学生必须强记。在强记时要听录音，把词形与语音联系起来。老师要利用构词法以及对比、联想、连接等方法帮助学生记忆。词表中汉语词与学生的母语词对译的方法虽然受到很多批评，但这种方法比较简捷，它的缺点可以在以后语境中的重现练习来弥补。

完成了这 250 个词语的强化记忆并不是已经记住了这些词。这些词虽然作为网络的一部分互有联系，但这种联系必须进一步加强，信息必须经过进一步加工。如果没有进一步的措施，这些词仍然很容易忘记。另外，记住了这些词也不等于已经能够运用这些词，因为这些词还没有进入语境的信息。词表水平上的记忆仅仅是记忆的初步策略。因此在突击记住了这些词以后下一步要做的是语境强化。教材要使这些词进入语境。语境首先是单句，这是简单的语境，然后是语段语篇。语境训练以听为主，然后是读。常用的词语或口语词也必须同时训练学生说。经过几次回忆提取的词在记忆中就比较巩固了。如果有必要也应该适当进行写的训练。词语突击记忆是开发大脑左半球的功能，在语境中求得熟练是刺激大脑右半球技能的形成。

假如第一循环有 20 个语义场，每个语义场有 250 个词语，那么第一循环下来就积累了 5000 个词。然后开始第二循环，第一语义场再次出现，但出现的是新词语，这些词语与第一循环已经学过的词语结合成更大的网络。这样依次类推，一直到第三循环完成，词语强化阶段结束。第二循环强化的目标是 6000 个词，第三循环强化的目标是 7000 个词。

假如从零起点开始，语音和句型阶段需要一个学期。我们设想词语强化阶段需要三个学期，每个循环一个学期。这样经过四个学期的强化训练，积累了两万个词语。虽然这与汉族人仍然有很大的差距，但有了这样的训练以后，听说读的能力应该已经基本过关，看一般的书报不应该觉得费劲了。写的能力可能仍然差一些，如果需要可以在以后继续学习时提高。假如我们把语音和句型阶段称为初级阶段，词语强化阶段称为中级阶段，那么更高目标的专门化训练可以称为高级阶段。语言中还存在着大量的不同于基本句型的语法现象，这些在中级阶段都必须解决。中级阶段以词语强化为目标，语法教学应该在词语强化的同时完成。因为句型阶段以后语法现象零散而不成系统，到现在为止人们也搞不清基本句型以外还有多少语法点，因此基本句型以后语法教学很难系统化。过去我们是课文中碰到什么语法现象就教什么语法，在词语强化教学的构想中，这一点并没有改变，仍然只能这么做。按程序性知识的习得方法，只要知道这些语法现象是什么就够了。

有经验的老师同样能够预感到实现这个构想的困难在于教材编写。过去精读课教材的编写方法是先找课文，只要课文难易程度合适就可以，然后从课文中挑生词做词表和词语例解，挑语法点做语法注释和练习，选课文有很大的自由度。而按词语强化教学的构想是先做词表再选课文，课文必须重现词表上的词语，而且要多次重现。课文与生词的关系整个儿颠倒了，不是根据课文选生词而是根据生词选课文了，这当然难。难虽难，但这并不是不能克服的困难，只不过得花更多的时间。工作量当然很大，但必须试一试。我们不能指望一切都不改变就能提高，也不能指望一个小小的改变就能大大地提高效率。

随着我们对语言认知心理过程的进一步了解，外语教学（包括对外汉语教学）总体设计的改革势在必行。如果我们关心外语教学的动态，就会发现，如何迅速扩大词汇量的问题正在逐渐成为外语教学研究的热点。相信21世纪的外语教学将会有一个飞跃。

第四节　基础对外汉语教学模式的改革

一、改革的必要性

当前，全国高校正在讨论和进行21世纪的教学内容和课程设置改革。对外汉语教学界对此反应甚微。这可能与对外汉语教学的教学对象和教学内容及特殊性有关。但是，面临新世纪，对外汉语教学有没有一个教学内容、课程设置、教学方法的改革问题？回答应当是肯定的。理由至少有三：

1. 目前我国广泛使用的对外汉语教学模式，是在20世纪80年代定型的。如吕必松先生所说："1980年秋季，北京语言学院来华留学生一系开始了改革精读课、加强听力和阅读教学的实验。第一学期设精读课、听力理解和汉字读写三种课型，第二学期设精读课、听力理解、阅读理解三种课型。……这项实验中制订的课程设置计划和新编教材（即《初级汉语课本》系列教材，鲁健骥主编，北京语言学院出版社，1986—1989）后来在一部分教学班推广，一直延续至今。"[1] 从总体上看，这种模式反映的是60—70年代国际语言教学的认识水平。多年来，国内外在语言学、第二语言教学、语言心理学、语言习得研究、语言认知研究等跟语言教学相关的领域中都取得了巨大的进步，研究和实验成果不可计数。但是由于种种原因，目前的教学模式对此吸收甚少。

---

[1] 吕必松．吕必松先生访谈录[J]．汉语与汉语教学研究，2012：97-107．

2. 多年来，特别是近10年来，由于科学技术的飞速发展，人们的工作、学习、生活环境发生了巨大的变化。作为为新世纪社会发展培养人才的高等教育领域，国内外大学都在探索适应21世纪的人才培养模式，进行教学内容和课程设置、教学方法改革的探索，作为高等教育一部分的对外汉语教学也应当适应社会的发展，应用社会发展所提供的新的教育思想、新技术、新手段。

3. 迄今为止，我们对国外的第二语言教学的教学模式，特别是汉语作为第二语言的教学模式，了解太少。学界几乎难以回答下面的问题：目前国外除了我们的教学模式之外，还有没有其他的模式？有没有比我们更好的模式？如果有，是什么样的？我们的教学模式跟人家相比有什么优点？有什么缺点？我们曾经听到不少对我们的批评，但很少看到评价我们的教学模式（甚至教学）不足的文章，也很少看到介绍外国汉语教学模式的文章。

从上述三方面的事实来看，一方面，我们目前使用的对外汉语教学模式在创立之初是一种进步，同时它在教学内容、课程设置、教学方法方面都经历了较长时间，积累了一定的经验。但是，另一方面，这种教学模式几乎封闭性地运行了十多年，在全球都在进行教学内容和课程设置、教学方法改革的今天，我们至少应当对它进行一次严肃的检讨。

二、现行模式的形成、特点

（一）形成

我国基础汉语教学模式大致经历了下述变革过程：

1."讲练—复练"模式（1973—1980）

这种模式可以当时北京语言学院《基础汉语课本》的课程设置和教学方法为代表：每天四节课，前两节为讲练课，后两节为复练课。这一模式应属建立在结构主义语言学理论和行为主义心理学基础上的听说法的教学模式。

2."讲练—复练 + 小四门"模式（1980—1986）

在北京语言学院，这种模式是"讲练—复练"模式的发展，即在上述课程设置和教学方法的基础上，为应付学生刚到中国的急需，开设少量的实用口语课、听力课，稍后还开设了阅读课（包括文学阅读课、历史阅读课）、写作课。这一模式的产生有两个背景：一是受到国际上流行的功能法、交际法的影响；二是为了适应学生学习、生活和交际的需要。实际上这是由"讲练—复练"模式向"分技能教学"模式发展的中间状态。

3."分技能教学"模式（1986—现在）

"分技能教学"模式是"讲练—复练 + 小四门"模式的发展和完善。应当说，这是一种复合型模式。其构成包括听说法的遗留（精读课反映的）、功能法和交际法的影响（小四门反映的）以及中国对外汉语教学的实践经验（模式的构成方式）。这一模式带有一定的中国特色，与国外倾向于依赖单一的教学理论建立教学模式的做法很不相同。实践这一模式的代表性教材有两种：一是上述鲁健骥主编的《初级汉语课本》，包括精读课本、听力理解课本、汉字读写课本和阅读理解课本，授课方式为"精读+精读+听力+汉字（阅读）"；二是以李更新、李德津主编的《现代汉语教程》为代表，包括读写课本、听力课本、说话课本，授课方式为"读写+读写+听力+说话"。

（二）特点

现行的分技能教学模式的具体操作可以概括如下：

1. 以技能培养为教学目标

按照语言技能项目（听说读写）分设课程。通行的课程设置为精读课（现在流行称"综合课"）、听力课、汉字课（第二学期改为阅读课）。各种课程都以技能训练为主要内容。说的训练通过精读课来解决，也有在后期开设实用口语课的。

2. 教学单元以精读课为核心

每个单元包括精读课两节、听力课一节、汉字课或阅读课一节。精读课的教学内容被假定为整个单元的共核。

3. 在口语和书面语关系上，采取"语文并进"方式

以词汇为教学单位，词汇跟汉字同步学习。设计这种教学模式的依据是，认为培养交际技能是语言教学的根本目的，并认为这种模式突出了语言技能的培养。

三、借鉴与参考

他山之石，可以攻玉。跟各领域的发展都需要了解国内外的信息、经验一样，对外汉语教学模式也应当借鉴、吸收国内外教学模式和相关领域的经验和成果。

1. 美国明德暑期汉语学校的教学模式

这是一种强化教学的模式，适用于短期速成教学。它以听说法为基本依据，课堂教学采用"讲练—复练"模式，加上严格的操作程序和管理机制。其特点是坚持听说法教学，不赶时髦，也没有按技能分课型，但教学效率和效果得到广泛的认可。

2. 俄罗斯莫斯科大学亚非学院的汉语教学

他们采用的是汉语言文学教育的思路。这种教学模式也不是单纯强调技能训练，而是技能和知识、理论并重，在注重开设技能训练课程的同时，还开设中国历史、哲学、文学、普通语言学、汉语语言学等课程。这是一种适合于学历教育的模式。就我们见到

的该校培养的学生来看，这种模式也很成功。

3. 通过加快词汇教学速度，提高汉语学习效率的设想

基本想法是词汇量是制约语言应用能力的最重要因素，集中记忆生词可以有效利用记忆的心理规律和汉语词汇规律，大大加快学习生词的速度。设计者拟按每周学习 250～300 个生词的速度，迅速扩大学生的词汇量，大幅度提高汉语学习的速度。计划学生在两年内学习 2 万个生词（《汉语水平考试大纲》规定本科 4 年学习的总词汇量为 8822 个）。这种设想跟张思中外语教学法遥相呼应。

以上三种做法，有的已被证明是成功的，有的正在试验，有的还仅是一种有待实验的设想，有的跟基础汉语教学直接相关，有的则有一定的距离。但是，这些都应当对我们教学模式的改革有所启发。

四、改革建议

上面试图从社会发展、现行模式、国内外成功的和正在实验的教学思路三方面说明改革基础汉语教学模式的必要性和可能性。下面谈几点从中得到的启发。

1. 改革教学模式必须以转变观念为先导

当前，对外汉语教学界确实需要强化"改革开放"的观念。要改革就不能故步自封、停滞不前、排斥新思想。要跟上时代，就要开阔眼界，积极主动地学习国外的、国内的和相关学科、领域的经验、成果。

2. 吸收相邻学科理论和成果

要切实认识对外汉语教学学科的跨学科性质，要积极学习遵循相关学科的科学规律，吸收相关学科的新成果，特别是关注教育学、心理学和语言学相关学科的最新进展。改变多年来空喊跨学科，实际上不看、不吸收相邻学科理论和成果的现状。

当前，人们对语言学习规律备感兴趣，认识到语言习得和认知规律对语言教学设计和教学方法至关重要，人们接受（习得）一种语言，总是遵循着某种顺序，这种顺序是不可改变的。这一现象说明，若干年来，人们没有发现这些程序，一直是在盲目地摸索。可是另一方面，对外汉语教学界对于心理学领域，包括汉语习得和汉语认知领域的研究成果基本处于漠不关心的状态。现在一些站在学科前沿的研究者在研究语言学习、语言习得问题，取得了令人振奋的成果。

3. 重视汉字教学，实行"先语后文，集中识字，先读后写"的教学程序

汉语有很多特点。但是，对汉语教学来说，汉字是其最重要的特点。所谓汉语难学，主要是汉字难学。汉字难学，又难在写上。所以近两年，非汉字圈国家加大了对汉字教学研究的力度。

集中识字在中国人中获得成功，那么，外国人学汉语能不能也走这条路呢？有一种看法认为，不学汉字，就学不会中文。非也。中国人都是在没学汉字的情况下，先学会说汉语的，不唯国人，任何民族都是如此。根据普遍语法的推测，第二语言学习者大致遵循着操目的语的本族人学习／习得该语言的过程。果真如此，外国人学汉语也有理由跟汉族人一样，先学听说（语文分开），再学认汉字（集中识字），再学写汉字（读写分开）。

这种三阶段教学的好处是：（1）便于利用汉字的规律；（2）符合汉字认知、学习的规律；（3）分解难点，易于取得进步，使学习者不断建立信心；（4）符合先易后难，循序渐进的教学原则。我们为什么不能试一试呢？

4. 实事求是，寻求最有效的教学方法

明德暑期学校的汉语教学，启发我们考虑重新认识听说法。也许我们应当重新评价"讲练—复练＋小四门"的教学模式。这种模式的优点是：每天、每课都有非常明确的目标，学习内容集中，强化，过度训练，教师、学生都知道今天学什么，学生每天都有成就感，学得扎实；同时，又可以通过小四门，得到适当的技能强化和现买现卖的成就感。

第五节 对外汉语教学新模式设计

一、实验目的：验证三个假设

假设一：一年内（两个学期约 1140 学时）给学生输入 1 万个汉语词是可行的。

假设二：学生输入 1 万个汉语词就能顺利地跟中国人进行听说交际。

假设三：学生输入 1 万个汉语词就能通过 HSK 考试中等水平 A，相当于二年级结业时优秀学生的水平，可入系学习专业。

二、实验设计

（一）实验对象

零起点的外国留学生。被试的年龄在 30 岁以下，身体健康，智力正常，文化程度在高中以上。

（二）课程设置（每周二 1 学时）

第一学期：19 周

1. 听力课每周 15 节（共 285 节，15 节机动）；2. 会话课每周 5 节（共 95 节，5 节机动）；3. 读写课（语音、汉字、阅读）每周 10 节（共 190 节，10 节机动）。

第二学期：19 周

1. 听力课每周 12 节（共 228 节，18 节机动）；2. 会话课每周 6 节（共 114 节，4 节机动）；3. 读写课每周 12 节（共 228 节，8 节机动）。

（三）教学班

每个班 16～20 人。

（四）教学安排

每天上课 6 学时，学生课下必须保证 2 小时自习，每天学习时间不得少于 8 小时。第 1 周：每天 3 节听力，1 节会话，2 节语音。第 2～10 周：每天 3 节听力，1 节会话，2 节写读汉字。第 11 周以后：每天 3 节听力，1 节会话，2 节读写（每周有 8 节阅读、2 节写作）。

三、实验方法

（一）听力课、会话课和读写课三门课既有分工又互相配合

1. 听力课

（1）听力课的目的是给学生输入语言材料，帮助学生形成汉语语感，通过提高学生聆听理解的微技能，最终提高话语理解的能力。（2）每天学习一课，输入 60 个生词。按语义场输入，当天巩固。以后不断重复。第二天到第五天，每天用 20 分钟复习前一课学的生词。第六天开始每天用 30 分钟复习前一课和前边五课的生词。（3）先通过实物、手势动作、情景、翻译等方法进行理解练习，然后把这些词组成词组和句子进行记忆练习。因为不要求学生学一句会说一句，只是听懂和记住，这样就可以给学生输入大量的语言材料，帮助学生形成汉语语感。

2. 会话课

（1）会话课的目的是练习学生急于表达的功能项目，解决眼前亟须解决的交际问题，提高学生口头表达的能力。（2）会话课每周 5 节，其中 4 节根据教材用已经输入的生词、词组和短句进行口头表达的训练。（3）每周至少一次根据学生的要求进行会话练习，周一让学生提供想说而不会说的英文句子，教师整理学生的句子，编写会话练习。

3. 读写课

(1) 读写课的目的：一是进行语音教学，帮助学生认读汉语拼音；二是读写汉字；三是阅读汉语的文章，进一步扩大词汇量，提高学生阅读和写作的能力。(2) 读写课担负的任务有：第 1 周的 5 天学完全部汉语拼音；第 2~10 周写汉字和识字，重在笔画、笔顺和结构教学，先教独体字和偏旁，再教合体字；第 11 周以后集中识字，包括词语和短句，开始阅读小短文并进行句型语法练习。

（二）授课原则

充分利用原则：(1) 充分利用成年学生的认知能力；(2) 充分利用成年学生活动范围广的特点；(3) 充分利用成年学生丰富的生活经验和社会文化知识；(4) 充分利用成年学生的抽象思维能力和对外界事物的认识；(5) 充分利用语言环境；(6) 充分利用教具。

（三）授课方法

六个为主：(1) 以学生练习为主，老师精讲学生多练；(2) 以输入练习为主，帮助学生储备大量语言材料；(3) 以记忆练习为主，培养学生汉语语感；(4) 以重复练习为主，当堂识记当堂巩固；(5) 以技能训练为主，着力提高学生听和说的微技能；(6) 以鼓励表扬为主，充分调动学生的学习积极性和主动性。

（四）具体措施

(1) 取消精读课或综合课，只设听力课、会话课和读写课，听力课为主课。每学期 20 周，课堂教学时间为 19 周。其中有一定的机动时间，可以用来复习、进行校内语言实践活动。(2) 每学期安排一次停课语言实践活动，在期中以后，时间约一周，全年共两次。另外安排周末短途旅行若干次。所有的语言实践活动和旅行都纳入教学计划，与课堂教学相结合。(3) 为了不给学生压力，平时和学期末都没有课程考试和检查，每学期只安排一次 HSK 考试（期末）。全年两次水平考试。(4) 每次上课都录像，通过录像得到反馈信息，及时分析教学的情况，及时调整教学计划，不断总结和改进。(5) 每天晚上播放两个小时左右录像片，欢迎实验班和其他班的学生观看。

四、实验的理论依据

（一）哲学的系统论、信息论和控制论

哲学是人们认识世界的基础理论，系统论、信息论和控制论为人们认识世界提供具体的方法，是先进的科学的哲学方法论。

按照系统论的观点，世界上的万事万物都自成系统。第二语言教学当然也是一个系统工程。这个系统的结构包括教师、学生、教材、教学大纲、教学环境以及他们之间的

相互关系等。这个系统的结构应该是最优化的结构，他们之间的关系应该是最优化的关系。教师应该是尽职尽责、爱岗敬业、具有奉献精神的教师，学生应该是具有速成愿望的正常的学生，教材应该体现改革的思路、易教易学，教学环境应该是最优化的环境，等等。还要按照教学大纲设计自成系统的教学计划，做好自成系统的教学安排，确立自成系统的课程设置，编出自成系统的系列教材，使用自成系统的教学方法。

按照信息论的观点，第二语言教学是一种有控制的语言信息传输和反馈系统。它是由语言信息源、信息传输通道、信息传输者和信息接收者构成的。语言信息源主要指教材提供的教学内容，也包括教师；语言信息通道指教学环境，即课堂，包括教学的时间、空间和教学组织形式；信息传输者是教师，学生是信息接收者。教师和学生都是教学的主体，教师是教的主体，学生是学的主体。其中教师起主导作用。

按照控制论的观点，任何教学模式都要做好各方面的控制。一是生词量的控制，每天60个生词，不断循环、不断重复；二是难易程度的控制，先教实词后教虚词，先教单词再教短语后教句子；三是充分发挥教师和学生两个方面的积极性，充分发挥教学环境的作用；四是课内、课外相结合，课外练习是课堂教学的延伸；五是小课堂和大课堂相结合，小课堂打好基础，大课堂进行活用的实践；等等。

（二）第二语言习得理论

1. 克拉申的输入假说

著名美国语言教育家克拉申认为：人们怎样习得语言？我们是通过可懂输入习得语言的，注意力集中在信息上，不是集中在形式上。输入假说既能说明儿童语言习得，也能说明成人语言习得。它表明，在语言习得中头等重要的是听力理解，口语能力则会水到渠成。

我们吸收了克拉申输入假说中合理的成分，即重视语言的输入。我们还借鉴了现代学习理论——学习的规律就是输入大于输出、输入先于输出，厚积而薄发。为此我们提出"先听不说、多听少说"的教学原则。在理解练习中只要求学生点头、摇头、做动作或者说"是、不是，对、不对，好、不好"等简单的话。当然，在学习语言的过程中，也要有适当的语言输出的练习。在第二语言教学中，不教说话是不行的，所以除了听力课这门主课以外我们还安排了会话课。特别是在目的语环境中，学生急于表达、急于交际的心理必须重视。

2. 图式关联理论

图式关联理论认为：人的大脑中有关于世界的各种各样的知识，这些知识是以图式的形式保存的。理解语言的过程就是把接收的语言信息跟大脑中的图式建立联系的过程。人们理解语言离不开语境，语境跟话语的关联越密切，理解就越容易。

根据这一理论,第一,我们充分利用成年人大脑中的关于世界的各种各样的图式,强烈刺激、反复刺激,帮助学生建立目的语与头脑中图式的联系,并且激活它们,以便形成目的语的语感。在理解练习的环节中,我们主张使用学生的母语激活学生大脑中的图式,这正是成年人学习第二语言比幼儿学习母语速成的优势。第二,成年人学习第二语言最大的困难是记忆。我们在理解练习和记忆练习的教学环节中,尽量把词语放在具体的语言环境里,放在上下文中帮助学生记忆。不仅如此,我们更要重视利用大的语言环境,尽可能多地组织语言实践活动,让学生在游泳中学习游泳。

3. 汉语作为第二语言的学习理论

王魁京在《第二语言学习理论研究》一书中专门谈了以英语为母语者学习汉语在社会言语交际中常碰到的问题:(1)对目的语社会成员发出的话语听辨理解能力不足;(2)运用目的语做言语表达的能力不足;(3)交际策略运用能力不足;(4)文化、心理不适应;(5)寻求交际对象给予配合的能力不足。其中前两个方面都是因为学生的大脑记忆库里目的语的语言材料储备不足造成的。

根据汉语学习者的实际问题,要改变以往的教学模式,加大给学生的输入,加大学生大脑记忆库中语言材料的储备,特别是词语的储备,扩大学生的词汇量。我们从跨文化交际的角度扩充课堂教学的内容,改进课堂教学的方法,使学生获得跨文化交际的能力。在会话课教材中增加了有关交际策略方面的知识和相关的社会文化知识,以减少学生文化、心理不适应的问题,帮助他们提高寻求交际对象给予配合的能力。我们的教学模式不仅重视语言要素的教学,而且重视语言技能和语言交际技能的训练,帮助学生把语言要素转化为语言技能,进而转化为语言交际技能。

(三)汉语语言学理论

1. 按照汉语词汇的网络系统进行教学

汉语的词汇数量多,而且形不表音,音不达义,词义丰富,用法复杂。在现有的教学模式下,学生只能一个一个、孤零零地死记硬背,费时费功、低能低效。其实汉语的词汇不管是词形还是词音、词义,存在着各种各样的网络系统,存在着内在的规律性。比如:

(1)同(近)义词类聚网络

地方、地点、地区、场地、场合、场面、场所、处所

时间、时候、时刻、时光、时期、期间、工夫

走、跑、跳、跃、蹦、蹿

美、俊、靓、帅、美丽、漂亮、好看、秀美、俊美

常常、经常、时常、时时、往往、一直、始终、从来

（2）反义词类聚网络

上、下，前、后，左、右，里、外，南、北，东、西，来、去，进、出，上来、上去，下来、下去，进来、出去，好、坏，难、易，多、少，长、短，高、矮

（3）类属词类聚网络

教室、黑板、讲台、桌子、椅子、门、窗户、墙

水果、苹果、梨、香蕉、葡萄、橘子、草莓

亚洲、欧洲、非洲、北美洲、南美洲、大洋洲

中国、北京，英国、伦敦，法国、巴黎，日本、东京

（4）关系词类聚网络

爷爷、奶奶、爸爸、妈妈、哥哥、姐姐、弟弟、妹妹

耳语、手语、母语、外语、目的语

食堂、馒头、花卷、包子、米饭、饺子、面条

根据科学家的研究，词语在人的大脑中是以网络的形式贮存的。如果按照词语的网络系统进行教学，把人的认知规律跟汉语所固有的规律结合起来，就可以减轻学生的负担，大大提高学习的效果和效率。

2. 语法教学充分利用汉语词、词组、句子的结构方式基本相同的特点

近年来，对外汉语教学界不少人呼吁加强语素和词组的教学。至于如何加强语素和词组教学，现有的教学模式很难进行，而我们的教学模式却能够比较容易地做到。只要给学生一些构词法的知识，学生了解了汉语词、词组、句子结构的一致性，就能比较容易地掌握句子的基本结构。

3. 利用汉字本身的规律进行汉字教学

汉字是外国人学习汉语的难点，学习汉语不能避开汉字，不通过汉字关，汉语是学不好的。为此，必须改进汉字教学，利用汉字本身的规律进行汉字教学。汉字本身是有规律的。每个汉字都是由基本笔画或变形笔画组成的，每个合体字是由独体字或部件组成的。学习汉字也是有规律的，应该先学习独体字，后学习合体字，先学习笔画少的字，后学习笔画多的字。

（四）教育心理学理论

1. 循序渐进的教学原则

这个教学原则在我们的教学模式中，表现为从词到词组到句子的输入、先实词后虚词从形象到理性的输入。教给学生的词语都是从他们身边的情况开始的，由近及远、由此及彼、由表及里。我们注重词语的重复率和重现率，一个词在不同的词组和句子里反

复出现、反复使用,在上下文各种语境里反复出现、反复使用。

2. 轻松学习、自然学习的理论

儿童学习母语是在一种轻松、自然的气氛里自然习得的。他们没有焦虑感,只有成就感。儿童学会一个词或一句话,马上得到鼓励和表扬。这一点很值得借鉴。第二语言教学也应该尽量创造轻松、自然、没有压力的学习环境。实践证明,成年人学习第二语言,焦虑感越重、压力越大,学习的效果越差。为此,我们要在课堂上营造一种师生互相鼓励、学生互相鼓励的学习气氛。

3. "七比特"原则和记忆——遗忘的理论

根据心理语言学家的研究,短时记忆每次最容易吸收的信息量是七比特。这七比特是"信息接收的节拍"。我们尝试把这一理论应用到新的教学模式中,在做课堂练习的时候,每次让学生听的词语七个左右为一组,每次教的汉字也是七个左右为一组,一组一组地学、听、记。这样使学生既不感到费力,又容易记住。

学习的过程是记忆和克服遗忘的过程。根据德国心理学家艾宾浩斯的"遗忘曲线",记忆的遗忘是先快后慢。所以,我们趁热打铁、及时复习、及时巩固,后一天要复习前一天学过的词语,同时复习以前学过的词语。

第六节　对外汉语短期教学的新模式

一、短期教学

1. 短期教学的特点

短期教学是指教学周期在八周以内的对外汉语教学模式。这种模式的教学周期相对较短,具有明显的短时特性。受教学时间的限制,这种模式的教学目标必须有侧重地指向某一特定范围和某项特定的汉语技能,教学呈现出单一性特点;在教学内容上,它要求选择学生日常生活、学习、交际中最常用、最急需的功能和话题,并优选语言材料中使用频率高、覆盖率大的相关语言要素,教学具有较明显的实用性;在组织教学上,它要求根据教学周期的变化和学生入学时的多等级特点,动态地设计教学实施方案,教学具有突出的针对性和灵活性;此外,一般的短期教学模式还都要求通过强化手段追求教学的高效率。概括地说,这类模式的教学具有短期、强化、速成的特点,追求在较短的时间里,让学习者尽可能多地掌握汉语知识和技能。

2. 短期教学是与一般的进修教学不同的两种教学模式

进修教学是一种系列化与阶段性相结合的教学，它以汉语的系统语言知识和技能为教学核心，并将这些内容分阶段教给学生，使教学成一个逐渐积累的过程，直至这些内容被系统掌握。学生既可以通过一段时间的学习和进修掌握相对完整的阶段性内容，又可以通过连续学习和进修或间隔学习和进修完成教学任务，最终结业。进修教学的重点是教学的最终目的状态即汉语知识和技能的系统掌握，它的教学周期一般为半年、一年或两年。短期教学由于它的短时特性，教学的重点并非完整的语法系统和听、说、读、写各项技能，而是侧重某项技能尤其是听、说技能，在汉字教学中它强调根据学生的学习需求和学习时间设置灵活的、组合式的课程，并根据学生的现有水平选择语法系统中的部分内容进行针对性教学。

3. 现有的汉语短期教学模式

现有的汉语短期教学模式可以概括为以下几种类型：

（1）侧重某种技能的教学

即侧重听、说而舍弃读、写技能或侧重读、写技能而辅以听、说训练的教学。

（2）以情景 — 话题为中心的教学

即模拟留学生来华的生活、学习的过程，选择交际中涉及的一些主要场景，围绕一些常用话题进行教学。

（3）以意念 — 功能为中心的教学

选择意念 — 功能大纲中的一些常用项目，与语言结构结合后进行教学。

（4）以常用句型和词汇为主的教学

针对初级水平学生，选择使用频率较高、体现汉语语法特点的一些句型进行教学。

以上这些教学模式的侧重点虽然不同，但它们大都强调对语法项目的掌握，强调达到学习的最终目标状态。经过多年的教学实践，这些教学模式都取得了较好的教学效果，在句型教学，尤其是常用句型的熟巧训练以及句型与情景、功能的结合教学上形成了一套较成熟的方法，相应地，一些比较成功的短期教材也随之产生。我们知道，短期教学模式一般来说能够充分反映第二语言教学的本质特点，正因为如此第二语言教学的各种教学方法都可以直接在这种教学模式中得到及时体现。这些教学模式和方法并无优劣之分，但从短期教学的自身特点出发，从发挥短期教学优势、提高教学效率的角度，应该在已有教学经验的基础上尝试另一种短期教学模式，即将教学的重点从学习的最终目的状态转移到学习和教学过程本身上来，使教学从"产品式"转变成"过程式"，突出短期教学的交际性、实用性、趣味性，进一步满足短期学习者的学习需求。

二、语言交际任务及交际任务大纲

1. "交际任务"

"交际任务"这一概念,可以从交际教学法中的任务式教学法中看到雏形。随着人们对语言本质认识的不断深入,随着心理语言学的不断发展,部分应用语言学家开始将第二语言教学的重点从教学结果转移到学习和教学过程上来,强调让学习者用目的语去完成一系列任务的教学,并在课堂学习中进行真正涉及交际的活动,提高学习效率。任务式教学法中的任务主要有三类:一是信息差活动,用目的语向别人传递信息;二是推理差活动,通过已知的目的语信息进行推理、概括等以获得新的信息;三是意见差活动,辨别和表达某种针对某一特定情景的个人的爱好、感觉、态度等。在主张任务教学法的学者们看来,人们的交际过程应当是:设定目标—完成任务—产生结果(如信件、说明、留言、报告、图表等),语言教学也应当围绕这些环节来进行。任务式教学法被认为是一种更为有效的语言学习方法,在美国、马来西亚等国的第二语言教学中被广泛使用,任务目标也得到进一步细化。所以以"交际任务"为基础的语言教学并不是一个新的模式,只是从汉语作为第二语言教学的角度看,它才算作一种新的教学模式。

2. 语言交际任务

我们所说的交际任务是从语言教学与语言学习的角度对现实生活中的言语交际活动进行的提炼和概括,是从具体的交际过程转化而来的,由于每项交际任务最终都要落实到相应的语言素材上,须用目的语来完成,所以实质上是指语言交际任务。交际任务由交际目的、语言功能、语境、话题和语言要素等几方面的因素构成,具有以下特点:一是明显的目的性。一项交际任务就是让学习者完成交际中的具体活动或是排除交际中的具体障碍,所以总是明确具体的。二是明显的功能性。每项交际任务都含有一项或几项语言功能,如表达功能、人际功能、互动功能、调节功能、工具功能、启发功能等,或独立运用或综合运用于交际任务中。三是具有明显的情景性和话题性。一般来说它总是与典型场景或典型途径相结合,围绕一定的话题或是在一定的交际活动范围内展开,并与它们建立相对固定的联系。此外,以话语、语篇为基础的语言材料也是完成交际任务不可缺少的组成部分。

交际任务的这些特点,非常适合以培养语言交际技能为目标、教学周期较短、追求教学高效率并具有明显实用性、灵活性和趣味性的短期强化模式的教学。

3. 实施以交际任务为基础的教学

实施以交际任务为基础的教学首先要对学习者在课堂上将要参加的任务和活动进行描述,即确定交际任务大纲,而确定大纲就要考虑交际任务的层级性,为交际任务划分等级,并且确定各级交际任务的基本特征。

由于交际活动的广泛性，交际任务中各种因素处于不同层次，相互作用、相互制约，它所涉及的内容也是多种多样的，很难按单一的标准进行提炼和概括；而且，交际任务也不可能是一个完全封闭的系统。然而，人们对具体的交际活动有共同的心理图式和认知经验，从语言学习尤其是第二语言学习的角度，我们也可以根据学习者所涉及的交际活动范围的不同、所要达成的任务目标的不同以及完成交际任务所需语言材料的难易程度和复杂程度的不同，对交际任务进行分级处理。

根据上述原则，我们可以把语言交际任务项目划分为三级：

初级项目即简单交际任务，适合零起点和初学者学习。所涉及的交际活动限制在日常生活、学习和简单的社会交际范围之内，语言功能以了解、询问、社会交往等为主，学习者使用简单的语句学会询问和回答。简单交际任务大多通过明显的形象标志为学习者完成该项任务提供典型途径。

中级项目即一般性交际任务，适合具有初级汉语水平的学习者学习。所涉及的交际活动在日常生活、学习、工作、社交和部分文化、专业范围之内，语言功能以说明、叙述、评价等为主，学习者须相对完整地进行成段的理解和表达。一般性交际任务大多通过经过加工的真实语料为学习者提供完成该项交际任务的范例。

高级项目即复杂交际任务，适合具有中级以上汉语水平的学习者学习。所涉及的交际活动在高层次的学习、工作、社交、社会文化、商贸等范围之内，语言功能以交谈、讨论、情感表达为主，学习者须综合运用多种语言功能进行大段的篇章理解和表达，并须了解与语言内容相关的文化含义。复杂交际任务大多通过真实语料为学习者提供完成该项交际任务的范例。

在对交际任务项目进行分级时，各级交际任务并不是截然分开的，其中的部分内容有重叠和交叉，有些交际任务在初、中、高三个等级中都有涉及，如社会交往、饮食、家庭、体育娱乐、学习、视听媒体等，相邻的两个等级中的这种重叠和交叉现象更加明显一些。这种现象符合人们交际活动的实际情况和一般的交际习惯，从语言学习的角度也符合由简而繁、由易到难、循序渐进的学习规律，使学习内容的层级性和序列性有机结合，呈螺旋式上升而不是简单的直线上升。当然，具体项目在难易和复杂程度上的差别还是显而易见的。

4. 确定语言交际任务大纲，还需要归纳和确定每一级交际任务中的具体项目

我们在归纳交际任务项目时，主要是通过对学习者学习需求的调查来进行的。首先根据调查结果考察交际任务项目的交际价值，确定该项目是否为学习者最常用的交际任务，是否为学习者最急需的交际任务，是否为学习者最可能遇到的交际障碍，然后再参照被调查者的语言水平情况归纳入级。同时，归纳交际任务项目时还要通过对教学情况的调查和对数十种国内外教材的整理分析，考察教学者对交际任务项目的共性认识，然后从中选取。

根据调查和分析的结果，我们为各级交际任务确定了相应的分类和具体项目（见中国国家汉办《汉语交际任务项目表》，内部打印稿），从交际任务在交际活动中的功能、话题、涉及范围和内容的角度归纳出：

初级项目见表 4-4：

表 4-4 初级项目

分类	项目范围	项目描述
生存类	换钱取钱	了解或说明汇率、学会兑钱方法
		学会简单的开户、存钱和取钱
	问价购物	了解或说明商品上的单位或价格
		了解或说明某商品的特点或用途
		了解或说明自由市场上的商品种类、学会讨价还价
	点菜吃饭	了解或说明中国饭菜的主要种类、学会点菜
		了解或简单说明菜系的特点
		了解或说明常见饮料的种类或特点
	寻医问药	了解或说明人体主要部位的名称
		了解或说明常见病状
		了解或说明某药品的使用功能和使用方法
		了解或说明医院各科室的分类、学会挂号
	生活服务	了解或说明理发、照相、洗衣等的服务项目和价格
		了解或说明某项服务的主要内容
		了解或说明某项服务质量的优劣
	寻求帮助	了解或说明紧急情况下寻求帮助的方法、学会请求别人帮助
		学会问路
		学会请求转告
		学会办理签证、居留证等手续

三、以"交际任务"为基础的短期教学实施要点

以交际任务为基础的教学,就是要根据汉语的实际交际需要,把交际内容规范为一系列不同等级、不同种类的语言交际任务项目并按照交际任务大纲进行教学,让学生在较短的学习时间里,通过大量的交际性操练掌握相应层级和数量的交际任务,最终提高其汉语交际能力。

中级项目见表 4-5:

表 4-5 中级项目

分类	项目范围	项目描述
个人信息类	个人情况	描述某人的相貌、体态和穿着打扮
		说明某人的性格、兴趣和爱好
		叙述某人的生活经历
	学习情况	叙述某人的学习经历
		评价某人的言语水平和能力
		说明学校的学习环境和条件
		了解和说明学校的有关规章制度并说明办理相关手续的过程
		比较不同学习方法的异同并做简单评价
		了解并说明某校专业设置情况及申请入学的程序
	职业工作	说明某种职业的特点并做简单的评价
		叙述某人的工作经历并评价其工作能力
		介绍自己的职业及主要工作内容
		说明某人的求职要求
	婚姻家庭	描述家庭的生活环境
		说明某家庭的人员组成和主要亲属关系
		说明某人的择偶标准和条件
		简单介绍某人的恋爱方式并叙述恋爱过程

实施以交际任务为基础的短期教学必须考虑以下几个要点:

1. 以汉语交际能力的培养为目标

即培养学生"使用语言处事的能力"(海姆斯),或者说达到某一特定交际目的的能力。

2. 以交际任务为基础和核心

即把交际任务项目作为教学的主要内容并以此作为计划各种课程的依据,组成项目的语言材料和语言要素作为辅助内容,使教学成为完成一系列交际任务的活动。

高级项目见表4-6(节选自中国国家汉办《汉语交际任务项目表》):

表4-6 高级项目

分类	项目范围	项目描述
社会信息类	婚姻家庭	阐述某个人的恋爱观并与别人讨论
		说明某个家庭的生活情况并阐述个人的家庭观念
		阐述某个人对男女平等、保护妇女儿童权益等问题的看法并与别人讨论
		比较说明不一样的孝悌观念
	历史地理	描述某一历史事件的过程并说明其历史意义
		介绍并评价某一历史人物
		简述某一历史时期的概况
		分析并说明地理位置,地貌特征与气候及产物的关系
		阐述个人对人口问题的看法
	自然环境	阐述个人对环境问题的看法并与别人讨论
		描述一些常见的自然现象
		说明某地的环境污染情况并分析说明原因
	经济贸易	简述某一国家或地区的经济发展状况
		掌握商务洽谈的程序和基本内容
		了解和说明进出口贸易的有关规定和政策
		了解和说明办理进出口贸易的有关手续
		概括说明协议、合同书等的主要内容
	国际政治	比较两国政治体制方面的异同
		了解和说明某些主要国际组织的名称、性质和作用
		描述并评价近期发生的国际大事

3. 以模拟交际活动为重点

即在课堂上让学生按照交际任务所描述的任务目标实际参与或模拟交际活动,进行相关的交际性操练,每次课堂学习都可以让学生完成一项或几项任务,并掌握完成相关任务的交际程序。

4. 以学生为中心

学生成为参与交际活动的主要角色,他要按照交际任务目标,依赖其他同学的帮助完成课堂活动,所以在课堂上,他对课堂或同伴的贡献与他获得的相等同。教师主要是协调和促进学生之间以及他们与各种交际活动之间的交际过程,或者充当交际活动中的某个独立的角色。

5. 提供典型交际性场景和途径

为使课堂交际活动能够顺利进行,要提供与交际活动相配的典型交际场景和完成交际任务项目的典型途径或交际任务范例。

6. 强调真实性

在教学和教学材料中,使用有实际交际意义的真实语料,促进学生的学习兴趣,加快学习过程。

7. 组合式与螺旋型上升

即根据学习周期、学习需求、学生水平灵活地把相关交际任务项目组合成课程内容,并使部分课程能够从不同角度和深度完成相同的交际任务。

8. 有效的语言要素

尽可能地在组成交际任务的语言材料中考虑语言点与其他因素的均衡,选择可以体现汉语基本语言点的语言材料并使它们在各具体项目中合理分布;同时要围绕交际任务的话题和情景使词汇以类义形式或聚合形式出现,确保词汇的足量和学习者能够高效记忆和应用。

9. 成就感

确保每一次课堂教学都能让学生完成一项或几项交际任务,使他们有实际的收获,并利用学生对语言交际的兴趣促发他们的内在动机。

四、交际任务教学模式的课程设计和课堂教学设计

(一)课程设计

此类教学模式的课程应为一个以不同类别、不同等级的交际任务为主课,以语音、汉字、语法等为辅课,以各种文化知识讲座为补充而组成的课程体系。

1. 以交际任务为主体内容的主课

初级综合课：以听说为重点，综合运用各项技能完成的简单交际任务项目的操练。

中级听说课：从听说入手，侧重于口头完成的一般性交际任务项目的操练。

中级读写课：从读写入手，侧重于书面完成的一般性交际任务项目的操练。

高级口语课：侧重于口头完成的复杂交际任务项目的操练。

高级视听课：侧重电视广播新闻内容的复杂交际任务项目的操练。

高级读写课：侧重于书面完成的复杂交际任务项目的操练。

2. 以语言要素为主要内容的辅课

语音课：为初级阶段零起点学生开设的汉语语音的讲练。

汉字课：为初级阶段非汉字文化圈的学生开设的汉字认读和书写的讲练。

语法课：为各等级学生开设的主要语法点项的讲练。

3. 补充课程

中国概况：介绍中国社会、经济、教育、文化、历史等各方面知识的讲座。

中华文化：介绍中国物态文化、制度文化、行为文化、心态文化等方面知识的讲座。

文化技能课：太极拳、书法、绘画、民族乐器等。

（二）课堂教学设计

以交际任务为基础的课堂教学步骤可以分为以下几个（以交际任务项目"了解或说明某旅行安排"为例）：

1. 准备活动

明确任务目标——了解旅行安排。

猜想该项任务可能涉及的范围——旅行线路、价格、景点、时间等。

激活自己与该项任务有关的经验——曾参加过的一次旅行。

2. 概括性活动

提出或找出大意——该项旅行安排的基本内容。

理清程序——旅行安排涉及的各项内容的顺序。

提出或找出各程序的结论或小结性论述——旅行安排中各项内容的大意。

3. 细节性活动

确定专项信息——该次旅行经过的每个地点。

信息分类与组合——旅行中吃、住、行等的具体价格。

产生结果——完成一份旅行计划表。

4. 语言性活动

找出语体特征——广播旅行广告或旅行布告。

句法特征——将来发生的动作行为的表示法。

词汇特征——表示饭店设施的类义词、表示景点的形容词等。

5. 结尾活动

做决定——参加旅行或放弃旅行。

对提出的问题进行讨论或辩论——旅行价格过高。

表演与复述——复述该旅行安排的主要内容。

扩展到其他任务——向朋友推销该项旅行，说服朋友参加。

对任务的进一步探索——讨论旅行的好处。

根据交际活动或交际任务类型的不同，完成课堂交际活动的步骤也是不同的，比如信息差活动、推理差活动、意见差活动都有它们各自的交际程序和特点，进行课堂活动时不可能强求一致。

第五章 文化视角下的对外汉语语法教学

第一节 对外汉语语法教学的重要性和必要性

语法是语言的结构法则，是语言的结构规律。语法教学是对目的语的词组、句子以及话语的组织规律的教学，用以指导言语技能训练并培养正确运用目的语进行交际的能力。因此，掌握语法规则是对外汉语教学的基础。掌握语法规则有利于对汉语的理解和运用。汉语作为第二语言的语法教学不同于理论语法，也不同于汉语作为母语的语法教学。这也是近些年才得到了比较清晰的认识。在汉语作为第二语言的语法教学系统框架下，在实际教学中，教师需要根据特定的教学对象、教学环境和学习者的母语背景来确定语法教学的重点、难点，并采用适当的教学方式。

一直以来，无论哪种教学法，语法教学在第二语言教学里基本都处于中心地位。例如，语法翻译法、听说法、认知法就都很重视语法规则的教学，只是具体做法稍有不同，而且它们还存在一些共同的缺点，即过多地依赖语言的结构形式，不重视语义分析和语用分析，属于句本位，忽视话语的教学。此外，随着功能意念研究的开展、交际教学法的兴起，又出现了忽视语法规则教学的现象。这种现象强调应用，但又放松了对语言结构准确性的要求，把语法教学和交际应用对立起来，从而否定了语法教学的必要性。但是，从社会语言学、语言学、心理学、学习理论的角度来看，对外汉语语法教学是非常有必要的，它对汉语学习者具有重要意义。现在，交际法的创始者也认为不学习语法不可能真正学会一种语言。当然，在如何教语法、语法在语言教学中占多大比重等问题上，仍有不同看法。

一、怀疑、淡化对外汉语语法教学地位的观点

关于在课堂教学中有无必要进行语法教学的问题，国内外语言教学领域存在不同看法。有的人强调语法教学的必要性和重要性，而有的人则怀疑这种必要性，或主张淡化语法教学。对于后者，有以下三种情况。

1. 皮特·科德对语法教学的必要性表示怀疑

他曾在《应用语言学导论》一书中说，讲授语法规则是不是有利于说出合乎语法的话语，这确实是语言教学心理学的一个争论问题，按心理学的要求来说，教语法是应当的，而从语言学角度来说则"不一定"。

2. 有人主张用幼儿习得母语的办法来学习第二语言

斯蒂芬·克拉申就在《语言教学中的理论与实践》一文中指出，成人可以通过"习得"，即下意识的、日常的、暗含的学习，以及有意识的语言学习来进行第二语言的学习。经过几年研究得出的结论是：习得是首要的，远远比想象的要重要。而学习实际上是辅助性的。幼儿习得母语是不需要专门学习语法规则的，更不需要有人专门对他讲授语法。成人用幼儿习得母语的办法来学习第二语言，也就没有必要在课堂教学中进行语法教学了。因此，斯蒂芬·克拉申又进一步指出：课堂是供习得用的，学习在别处进行。课堂的功能是为学生提供可懂输入，课堂上从来不讲语法。

3. 在对外汉语教学界，也有人主张淡化语法教学

随着教学原则和教学方法的变化，语法教学在对外汉语教学的中心位置逐渐淡出。对外汉语教学法引入国外功能意念概念和交际概念，寻求结构与功能的有机结合，其中心原则就是交际性原则。语法教学不可能还像以结构为纲那样系统，本身就已在"淡化"。也有的人认为，在汉语教学入门阶段，没有必要讲那些容易的语法点，而难的语法点在语言学界都没有取得共识，在对外汉语教学界更讲不清楚。因此，多讲还不如少讲。而且语法本身就比较枯燥、乏味，很多教师不感兴趣，了解甚少。另外，近年要求淡化中学语法教学的呼声也很高，有的专家甚至认为"教语文大讲语法是错误的"。这种主张也对对外汉语的语法教学产生了影响。

对于以上观点，当然不能简单地否定或肯定，毕竟语言教学有理论问题，更是一个实践问题，需要得到实践的验证。从理论上说，到目前为止，人们对于人是如何习得母语和学会第二语言的，还研究得不够多。但是，对语法教学的重要性、必要性的肯定态度仍然是占主流地位的。

二、强调对外汉语语法教学地位的观点

语言学界还是有很多观点认为对外汉语语法教学是非常有必要的，并从下列四个方面说明语法教学的重要地位。

1. 从社会语言学的角度看，掌握所学语言的语法规则，是培养语言交际能力的基础

语言交际能力包括语言能力、社会语言学能力、话语能力、交际策略。这四方面的能力，语言能力是基础。这里所说的语言能力，包括语音、正字法、词汇、语法、语义

知识和听、说、读、写技巧等。而语音、语法、词汇是基础的基础。所以学习外国语的内容分成发音、语法跟词汇三个主要的部分,并认为语法是影响全体的东西。

通俗地讲,要习得第二语言并能用以进行社会交际,起码要掌握所学语言的语音系统,正确地发音;掌握所学语言的语法规则,能听懂和理解别人所说的话,并能够创造出可以被接受的句子;掌握一定数量的词汇;在特定的交际环境中知道如何正确、得体地运用语言材料;具有使用第二语言进行交际所具备的社会文化背景知识。简言之,掌握语法规则是获得第二语言交际能力的基本条件之一。

2. 从语言学的角度看,语言是受规则支配的符号系统

这规则就包括语法。语法对语言有制约作用。语言是由词组成的线性序列,这些序列不是任意组合的,而是按规则组合的。由词组成的句子有很多,而且变化很多,尽管如此,本语言社团成员听起来并不困难,这是因为凡是句子就有语法,也即有为本语言社团所共同接受的规则。因此,语言就是单位和规则。这些单位和规则是社会的现实,……个人必须学习它、掌握它。

从语言本身的性质来说,人类掌握语言,就必须掌握规则,即掌握语法知识。再从语言规则和句子的关系来看,规则是有限的,而句子是无限的。因此,学习语言不可能一句一句地学,而是要掌握语法规则,然后运用这些规则去生成或创造出无限的句子。德国语言学家洪堡特认为语言绝不是产品,而是一种创造活动。这是语言本身的特点。从人掌握语言的过程来看,掌握并运用规则去创造所需要的无限多的句子,用以进行社会交际,这是最经济的也是唯一可行的办法。皮特·科德也认为无论如何也不可能在头脑里保存一个包括某一语言所有句子的清单。无论成人学习第二语言还是幼儿习得母语,都要掌握所学语言的规则系统并使其内在化。

3. 从心理学或心理语言学的角度看,与幼儿习得母语不同,成人学习第二语言更需要语言理论知识的指导

目前,人们对母语习得和第二语言学习的内在规律的认识还不是很透彻,相关的研究理论也多为一些假设。既然是假设,不同的学派就有不同的主张。比如,有关幼儿习得母语的假设就有先天能力论、环境论、认知基础论等。关于外语学习的理论也是多种多样,有听说习惯形成论、认知符号学习论、自觉实践学习论等。这些观点表述各有不同,但其共同点在于都没有把母语习得和外语学习等同起来。

根据目前研究的情况来看,普遍认为母语习得和第二语言学习有着不同的特点。第一,性质不同。据皮特·科德在其《应用语言学导论》中介绍,有人认为第二语言学习和母语习得是两种不同的过程,因为学习第二语言的人和幼儿是两种不同的人。与幼儿相比,学习第二语言的人的生理状况和心理状况已经发生了某些质的变化,这种变化在一定程度上使其无法继续使用在幼儿时期使用的方法学习第二语言。所有生理发育正常

的儿童，一般到了 4～5 岁，不经任何正式训练都能顺利地掌握母语。如果在此期间没有习得语言，要想在以后某一阶段习得就会困难得多，因此第二语言学习也就相对困难了。这些现象说明，从学习语言的角度看，幼儿和成年人在生理和心理方面有很大的差异，因此要采用不同的学习语言的方式、方法。还有人认为，第二语言教学不是教语言本身，而是教某种新的语言表现形式。也就是说，学习第二语言的人已经习得了语言，他已经知道如何使用语言进行社会交际，学习第二语言是学习一种新的方式来做他已经会做的事。这显然异于幼儿习得母语的性质。第二，动机、环境、方式不同。幼儿习得母语，一般谈不上有什么动机。学习第二语言的人则有一定的动机，总是根据以后跟所学语言的社团成员进行交往的需要而确定自己的学习内容和目标。幼儿是在自然的环境中习得母语的，可以不经过任何正式的训练。第二语言学习则不同，除双语社会中的双语现象外，一般要经过专门学习。幼儿习得语言是与智力发展同步的。而学习第二语言的人，其智力发展一般已经成熟，其第二语言的学习不是跟智力同步发展的，通常是智力远远超出第二语言水平段。而且学习第二语言的人，其文化修养相差很大，有青少年，有大学生，甚至有专家、教授。这些人学习第二语言，其方式不可能跟幼儿习得母语一样。

幼儿习得语言有明显的阶段性和次序性。据心理语言学研究，幼儿语言发展的阶段性表现为：约从第 5 周开始有反射性发声；半岁左右能发与语言相似的声音；9 个月左右出现咿呀语；1 至 1 岁半能说出有意义的单词，然后出现单词句；1 岁半至 2 岁出现所谓的电报句，然后出现完整的句子，再由简单句到复杂句，等等。句子的理解和词的使用和理解，也是分阶段逐步发展的。幼儿习得语言不仅有阶段性，而且有次序性。拿句法发展为例，整个次序是：单词句→电报句→简单句→复杂句→复合句。

关于成人学习第二语言有无阶段性和次序性的问题，学界也没有定论，但即使有，其阶段性和次序性跟幼儿也不一样。拿阶段性来说，有人认为成人学习第二语言有一个从不完善到完善的过程。在这个过程之中存在一种介乎母语和目的语之间的中介语。但关于这个中介语的状况、规律等，也还在研究之中。假设这种理论是成立的，这跟幼儿习语所表现出来的阶段性也不会相同。再拿次序性来说，假设成人学习第二语言也有难易次序，但也不会像幼儿一样从单词句开始，然后再逐步过渡到复杂句和复合句。成人不是从头开始习得语言，而是在智力相当发达、已经知道如何使用语言的基础上试图改变或扩充原有的技能和知识。通俗一点儿说，就是要学会用所学语言的词语和句法规则来表达原来已经会用母语表达的内容。

4. 从学习理论的角度看，意义学习的效果比机械学习好

心理学家曾就意义学习和机械学习的效果进行过许多对比实验。结果表明，意义学习在掌握材料的全面性、精确性和巩固性以及速度等方面都比机械学习好。在各种语言

教学法流派中，就是否要以理解为前提进行外语学习的分歧是很明显的。比如听说教学法，从会话入手，以句型操练为主，在课堂教学里排斥本族语，不讲语法规则。听说教学法强调模仿、强记、大量练习，以达到过度学习的地步。认知教学法的倡导者认为第二语言是一种知识的整体，外语教学主要是通过对它的各种语音、语法和词汇形式的学习和分析，从而对这些形式获得有意识的控制的过程。可见，认知法强调对语言结构的学习、分析和控制，强调把理解作为第二语言学习的前提。听说教学法和认知教学法都在使用，不能说哪个效果更好，很多实验结果的数据也只能作为参考。因为第二语言教学的因素非常复杂，在其中起作用的并影响教学效果的不仅仅是教学法这一种因素。但是，如果把意义学习的理论和方法作为一种因素来考虑，它显然是有利于第二语言学习的。

基于以上认识，在对外汉语教学中应该重视语法教学，这是一个原则问题。当然，这也并不是主张在第二语言教学中大讲特讲语法知识，而是要根据第二语言学习的规律和特点进行语法教学。另外，要注意，第二语言教学的目的是培养语言交际能力，对语法规则的教学也就是为了培养学生的语言交际能力。掌握语法规则是手段不是目的。

第二节　外国学生汉语语法偏误与对外汉语教学的原则

"偏误"是以目的语为标准表现出来的错误，这种现象属于第二语言教学中学习者语言系统中的一个组成部分，是学习者积极地对语言体系进行判断、对语言材料进行归纳并试图使之规范的创造语言过程。所以，在语法教学中，教师应针对外国学生者学习汉语出现的语法偏误现象，充分利用负面证据的激活作用，按规律、成系统地解决学习中的偏误问题。在此过程中，也要注意结合对外汉语语法教学原则进行分析。

一、外国学生学习汉语的语法偏误分析

偏误往往反映了学生中介语系统或某些负迁移现象。因此，有针对性地向外国学生讲解学习汉语语法偏误的有关规则，可以了解学生的中介语系统或某些负迁移的规律，从而让学生知道在某种特定情境下说什么，该怎么说。偏误分析应遵循以下三个步骤。第一步，准确地层层分类，即对经筛选确立下来的每个偏误项目的所有实例进行再分类。第二步，概括，即抽象概括所分出来的类在意义上和结构上的共同点。第三步，正误对比，即找出该语义内容在汉语里的正确结构规则。偏误分析能够解决对比分析无力解释的一些偏误现象，它始终贯穿于对外汉语教学语法中。

以下主要选取学者孙德金主编的《对外汉语语法及语法教学研究》中关于外国留学

生学习汉语情况的统计材料,以对语法偏误进行简要的论述。《对外汉语语法及语法教学研究》一书第七章就 17 类比较句句式的使用频率将本族人跟外国学生使用情况进行对比。一般而言,句式的正确使用频次或正确使用相对频率越高,那么,就越容易、越早习得。这相关的计算方法,即"各句式在各学时等级上的正确使用相对频率 = 各句式在各学时等级上的正确使用频次 / 某学时等级上句式的出现频次之和"。根据这种计算方法,《对外汉语语法及语法教学研究》一书统计了中山大学部分留学生约 11 万字作文中 10 多类句式的出现频率和正确使用相对频率,其统计结果的相关数据如表 5-1 所示。

表 5-1　中国人、留学生 10 多类比较句式出现频率和留学生的正确使用相对频率调查结果[①]

比较句式类型		母语使用者			第二语言学习者				
		样本总量	出现频次	出现频率	样本总量	出现频次	出现频率	正确使用频次	正确使用相对频率	偏误相对比率
1	跟……一样	10 万	7 例	0.7	11 万	71 例	6.45	68 例	38.2	1.69
2	像……	10 万	9 例	0.9	11 万	13 例	1.18	10 例	5.62	1.69
3	有……	10 万	0 例	0	11 万	0 例	0	0 例	0	0
6～9	一般比字句	10 万	16 例	1.6	11 万	32 例	2.91	30 例	16.85	1.12
10～13	度量比字句	10 万	2 例	0.2	11 万	30 例	2.72	24 例	13.48	3.37
14～15	预设比字句	10 万	9 例	0.9	11 万	18 例	1.63	17 例	9.55	0.56
16	不比句	10 万	3 例	0.3	11 万	1 例	0.09	1 例	0.56	0
17	特殊比字句	10 万	1 例	0.1	11 万	7 例	0.64	5 例	2.81	1.12
18	不如 / 比不上	10 万	6 例	0.6	11 万	1 例	0.09	1 例	0.56	0
19	没有……	10 万	0 例	0	11 万	5 例	0.45	4 例	2.25	0.56
总计		10 万	53 例	5.30	11 万	178 例	16.18	160 例	89.89	10.11

注:表中"出现频率"是万分位的,"正确使用相对频率"和"偏误相对比率"是百分位的。

由表 5-1 可知,母语使用者比较句的出现频率排序为(由高到低):

句式 6～9 > 2、14、15 > 1 > 18 > 16 > 10～13 > 17 > 3、19

留学生比较句的出现频率排序(由高到低):

[①] 孙德金. 对外汉语语法及语法教学研究[M]. 北京:商务印书馆,2012:524.

句式 1＞6～9＞10～13＞14、15＞2＞17＞19＞16、18＞3

由排序可以看出，留学生比较句出现频率和正确使用的相对频率的排序一致，印证了"容易的语法点使用得多，且掌握的正确率高"。

与中国人不同的是，留学生"跟……一样"的使用率远高于"一般比字句"，"度量比字句"的使用率又大大超出"预设比字句"。可见除交际需要外，决定留学生使用频率的另一个重要原因是认知难度。

《对外汉语语法及语法教学研究》一书还就进修汉语留学生的看图写话作业、联词成句作业、完成句子作业中的语法使用进行了调查，调查对象均为初级、中级一、中级二、高级班的留学生。

看图写话作业调查涉及句式有"最""A 比 B+ 形""A 比 B+ 动补""A 比 B+ 动宾补""精确度量""模糊度量""复杂度量""预设比字句""不比""不如/比不上""没有……"，调查结果显示，偏误率最高的是"A 比 B+ 形""复杂度量"。"A 比 B+ 形"的偏误多是因为"比"字句否定式使用混乱，偏误较多。有的受母语影响对形容词进行否定，有的混用了"没有""不比"。偏误率最高的句式说明该句式难度大，宜放到较后阶段教学。"最"正确率最高，初级到高级只有一个偏误。

联词成句作业调查考察留学生使用度量"比"字句和"比"字句复杂形式的情况。结果显示，"精确度量"正确率很高，可见，精确度量句难度明显低于模糊度量句。因此，在对外汉语语法教学中，应精确度量句先出一段时间，再出模糊度量句。

完成句子作业调查考察留学生对"不比"是否有回避现象。从使用人数、句子及正确率的情况来看，留学生远远少于中国人，中二刚学过"不比"，所以使用人数和句子比率略高于高级，但正确率却比高级低。比较来看，中国人觉得最该应用"不比"的语言环境，外国学生却缺乏相应的语感，"不比"使用率相当低。而在中国人未用"不比"的语言环境、句式中，中一、中二却有不少人用了"不比"。可见，"不比"句难度比一般"比字句"和其他差比否定式高得多。

二、对外汉语语法教学原则

对外汉语语法教学应坚持实践性、实用、简化、对比、偏误分析，以及句法、语义、语用相结合的原则。

（一）实践性原则

学习一种语言，其目的就是为了使用它、实践它。因此，任何一种外语教学都要以培养交际能力为首要原则。实践性原则，具体到对外汉语语法教学，就是为了让学生习得语法规则，并使得学生懂得运用语法规则去表情达意，完成一定的交际任务。因此，对外汉语语法教学不能简单停留在语法规则的教学层面，不单单是教句子的语法，还要教句子的意义和用法。在课堂教学中，不应单纯地向学生展示某个语法项目，而应该在展示语法项目的基础上进行语义分析，说明语用条件，为学生创设相应的真实的交际语境。所编选的例句，应该与学生的日常生活、学习、交际密切相关，让学生即学即用。正如前文一再强调的，语法教学服务于交际，教师不应只是向学生展示语法理论知识，重要的是教学生在交际时如何正确使用语法规则。很显然，如果不遵循实践性原则，对外汉语语法教学的方向就会发生偏差，也就偏离了对外汉语教学的根本目标。

（二）实用原则

实用原则和实践性原则大同小异，但前者主要体现在对教学内容的选择上。对于第二语言学习者来说，最容易发生偏误的部分，也就最具有教学价值，这些内容也就应该被选入教学计划中。基本性和常用性的内容，使用上的适用条件和限制条件，很具有针对性，因此也是语法教学注意选择的。一般来说，越是能体现汉语语法特点的内容，留学生也就越不容易掌握。例如，实词的重点、难点是动词的搭配问题，虚词的重点、难点是虚词的意义、用法问题，离合词的重点、难点是固定词组的问题。语序、多项主语、多项状语、各类补语的用法、特殊句型、多重复句的语义关系等问题都是学生的难点，也就是语法教学的重点。

（三）简化原则

汉语语法知识内容比较复杂、抽象，因此在教学中要注意将其做一些必要的处理，使之简洁、浅明、感性。同时，也要尽量使教学语言浅显、具体，少用术语概念。对于一些研究得比较深、比较难的语法问题，教师应该想方设法使用那些使学生能够理解、接受、通俗的语言讲出来，并要采用恰当的方法让学生懂得运用。当然，要做到这些也并不容易。对此，教师应该深入研究汉语语言本体，对汉语的研究要经历反复咀嚼和内化的过程，然后才能科学地浅化和简化所教的语法知识内容，才能条理化、公式化、图示化地展示语法项目，才能层级化、合理化地取舍语法内容，才能简省化、具象化地处理学术概念和定义。为切中对外汉语语法教学的要害，准确把握汉语语法的特点和学生的学习难点，教师必须深入研究汉语语法知识。

（四）对比原则

对比原则，就是将相关语法项目（词类、结构、句型、功能、关系等）进行比较。

不同的语言，对客观经验的编码方式也多有不同。语言的使用者，长期受母语的影响，在学习第二语言时，也总会自觉或不自觉用母语所提供的不同范畴去区别和辨认经验。因此，外语学习者常忽略或无法注意到第一语言的人经常注意的那些差异。这些差异代表了不同的认识经验、思维方式，即语言间的不同点，实际上也是第二语言学习者的真正难点。因此，对外汉语语法教学应该遵循对比原则。

在对外汉语语法教学中,母语与汉语相近现象、汉语与母语某相对形式、汉语正确形式与错误形式等一般都是需要进行对比的知识点。教师应该根据学生的中介语系统情况和负迁移规律,预测学生可能出现的问题,通过对比、比较的方法把问题讲明白,减少、纠正学生的错误。

需要指出的是,在对外汉语语法教学中,对比的教学方法只是在必要的情况下进行一点儿点拨式的对比,以使学生尽快领会,但不可作为主要教学方法使用。

(五)偏误分析原则

"偏误"是学习者在使用第二语言时不自觉地对目的语的偏离,一般是成系统的、有规律的。因此,在对外汉语语法教学中,教师应积极探索学生偏误的规律,充分利用负面证据的激活作用,有效纠正学生错误。针对偏误讲解汉语使用的有关规则,让学生懂得"不应该怎样说"或者"怎样说不合适",对比分析无力解释的一些偏误现象,通过偏误分析可以得到有效解决,因此偏误分析原则应该贯穿对外汉语教学语法始终。

(六)句法、语义、语用相结合的原则

句法、语义、语用构成了一个句子的三个平面。严格意义上讲,一个完全实现了交际的句子,它必定包含了一定的交际意图,说话人为实现这个意图,句子内容词项之间必然会包含着某种语义关系,并需要通过特定的句法结构表现出来。因此,句法、语义、语用在一个实现了交际的句子的语法分析中都是很有价值的,但又都是不自足的。要对某个句子的语法进行充分的描写和解释,把问题研究深、研究透,不单就一个平面进行分析,还要将三个平面结合起来进行分析、进行透视。

在过去很长一段时间里,对外汉语的语法教学只注重语法知识的讲授,对句子的分析多是静态的,偏重句型的操练,而与句法相关的其他问题则没有受到重视。例如,在交际中如何使用汉语,如何通过汉语的语言形式去理解交际中的一些特定意义等。因此,也就经常出现这样的奇怪现象,学生造出的句子完全合乎语法规则,但实际上并不符合汉语的语言表达习惯,或者不符合逻辑,或者不符合中国社会的文化心理,甚至不符合说话人的身份,与时间、地点、情境是不协调的。

例如:

把水喝在口中。

老师,这杯茶很热,冷一冷再喝吧。

那只鸡很胖。

他唱歌很好和他跳舞也很好。

老人(的病)不太好了。

老师很尊敬他的学生。

爷爷长得跟爸爸一样。

这些句子的句法结构都没什么毛病，但在用语习惯、逻辑、文化心理、身份等方面是不相符的。这些情况也反映了语法教学中只注重句法结构的展示、分析，忽视学生对语义、语用知识的理解和掌握。学生不了解语义、语用知识，在交际中就不能达到交际目的，从而也就显然影响了学生交际技能的发展。因此，在对外汉语语法教学中，很有必要将句法、语义、语用三方面结合起来进行教学。

以下专门说说语义分析、语用分析。

语义分析在不同的阶段，对不同水平的学生，其教学内容有所不同。在初级阶段，主要是词句的基本意义。在中、高级阶段，主要分析的是词句的色彩意义。汉语的实词既有词汇义，又有语法义。其中，语法义是作为词类而言的。对实词在语义分析的基础上划分小类，更容易让学生理解、掌握。以数词为例，在初级阶段，学生主要学习如何使用整数、分数、小数、倍数以及概数等来表达数目，用序数来表达次序等数词的基本用法。中、高级阶段学习的则是数词的活用，如表示"多"的数词的虚指用法："三番五次""三思而行""四面八方""五谷丰登""六亲不认""七窍生烟""八面玲珑""九死一生"等。通过语义分析将这些数词归类，可以使学生更快理解其意义和用法。其他如量词、形容词等的学习也是如此。

对句子的语义分析主要是揭示句子成分之间的种种语义关系以及不同的语义指向、语义制约等。例如，"奶奶当选了居委会主任"，学生没有理解透彻"当选"这一个词，造出了"他的奶奶被大家当选成了居委会主任"这样的句子。此时，教师就向学生仔细分析句子语义：大家"选"，他的奶奶"当"居委会主任，所以是"当选"。还有名词在句中有一定的语义规定性、指向性，或者是施事，或者是受事，或者表示处所、时间、结果、目的等。句子的状语也有语义指向问题，如"这几个景点她都游览过了""这几个景点她们都游览过了"，状语"都"在第一句里的语义指向是受事"这几个景点"，在第二句里的语义指向则是施事"她们"。

语用指的是在什么情况下，如何使用语言进行有效的交际。语用分析涉及语法规则之外的东西，如交际语境、表达心理、话题与评论、言外之意、交际礼仪等。句法结构也许很容易被学生理解、掌握，但语义和语用受到语境的影响、制约，更是学生要理解、掌握的。很显然，现实交际都处于一定的语境中进行，词语、句子甚至语段的形式和意义都是由语境决定的。因此，要让学生理解并恰当使用某一个词语、句子，必须有一定的语境作为支持。只有处在一定的语境中，才能了解交际对象和交际动机，明白说话人的真实意图。中国人的认知结构中早已建立了汉语话语与相关语境的联系，而对于留学生来说，这种联系还没有或正在建立。因此，对外汉语语法教学的任务之一就是在

· 113 ·

留学生头脑中建立汉语话语与语境之间的联系。

语用分析还包括指出某些形式的言外之意。语气助词"了"就有一个信息提示的语用功能。"都30岁的人了"发出了"30岁了"的信息，但表达的意向有多种，表示"到了结婚的年龄而没有结婚""一事无成""不懂礼貌，言行不当"等，具体意向由语境决定。

在中、高级阶段，语用分析还用于辨析同义结构在不同场合及其表达的不同含义。同义结构存在语义差异，也涉及语境、交际对象对话题的共知程度、社交背景等语用问题。例如，问"哪里去"这个话题，当问话人不带任何感情色彩时，就说："你往哪里去？"如果问话人辈分、地位较高而且表示不满、生气时，则会不耐烦或声色俱厉地问："你又要到哪里去？"如果表示一种关心时，则会轻柔地问："你往哪里去呀？"由此可见，人们在交际中的表达是否正确、得体，不仅取决于词语的基本意义，还取决于说话人交际的目的、场合和心理。

总之，语用分析可以帮助学生在交际中选择语言达到得体恰当，并符合中国人表达习惯。

除上述原则以外，还有重视句型的原则、启发性原则、直观性原则，以及趣味性原则等具体性原则，限于篇幅，这里不再展开。

第三节 对外汉语语法教学的方法与技巧分析

对外汉语语法教学的方法与技巧多种多样。从第二语言教学的历史看，语法教学的方法大致可分为基本方法和课堂的讲练策略。其中基本方法就有演绎法、归纳法、类比法、引导性发现法。教学技巧则有展示语法点、解释语法点、语法点练习方面的技巧。采取什么样的教学方法和技巧，主要取决于学习者、学习环境、某一语法项目的特点以及课程设计的不同情况等。

一、对外汉语语法教学的方法

（一）基本方法

对外汉语语法教学的基本方法有演绎法、归纳法、类比法、引导性发现法。

1. 演绎法

演绎法由一般性的原理（或叫前提），推出特殊性的结论。演绎法的基本形式是三段论。在语法教学中，演绎法的具体应用就是先讲解语法知识、语法规则，然后再举相应的例子，最后让学生按照规则进行实际的操练和应用。这是一个从一般到具体的过程。演绎法适用于比较复杂的语法规则，并且对于成年人较常使用。例如，教"把"字句时，先告诉学生"把"字句的谓语动词后一般要有其他成分，然后让学生做一些完句练习、改错练习，以强化学生对这一条规则的认识。

又如，使用演绎法讲存现句。第一步先讲授存现句的定义：表示某处存在着某人或物，以及某人或物消失于某处的句子。

第二步举例子：

A. a. 箱子里有几个苹果。

　 b. 屋顶上有一个羽毛球。

B. a. 菜地里长出一棵白菜。

　 b. 洞口跑出来一只老鼠。

C. a. 天上飞过一架飞机。

　 b. 笼子里逃走了一只兔子。

第三步说明：A组句子表示存在，B组句子表示出现，C组句子表示消失，这样的句子就叫存现句。

2. 归纳法

归纳法与演绎法相反，它从特殊性的前提，推出一般性的结论的推理。在语法教学中，归纳法的具体应用就是先举出一些学生熟悉的例子，然后再对例子进行总结，得出语法规则，向学生展示。直接法和听说法一般使用这种方法。例如，汉语虚词"就""才"等的意义和用法，可以先通过课文让学生多接触，等学生有了一定语感或感悟后，再进行总结提炼。又如，用归纳法讲"是"字句的肯定形式、否定形式时，第一步先举例子：

A. 这是大米。

B. 我是工人。

C. 小姐是韩国人。

D. 她不是我妹妹。

E. 昨天不是星期六。

F. 这不是他的外套。

第二步，从上面六个句子总结出："是"字句的肯定形式是"甲是乙"，否定形式是"甲不是乙"。

3. 类比法

类比法即由一类事物所共有的某种属性，可以推测与其类似的事物也应具有这种属性的推理方法。通过类比法的应用，语法规则可以归结为若干句型，句型又可以具体化为一些范句。先让学生接触、熟悉范句，然后根据范句进行模仿练习。因此类比法也叫句型法，如常见的句型替换练习。例如，在讲动宾式的离合词的结构特点时，可以使用类比法，将动宾词组与动宾式的离合词进行类比。先向学生讲授动宾词组的构成方法"V+O"，并举例："走路""看电视""吃饭""喝水""骑车""打电话"。向学生讲清楚这些词后面都不能再有宾语，因为它们本身就是一个动宾词组。动宾式的离合词构成方法也是V+O式，所以，动宾式的离合词后面一般也不能再带宾语（个别动宾式离合词除外）。此外，动宾式的离合词分可"离"和不可"离"的情况，如"烧饼""跑鞋""跳棋""有机""保价""编年""超级"是不可"离"的；"吃饭""吃斋"是可"离"的。

4. 引导性的发现法

引导性的发现法通过提问学生，引导其进行分析、归纳、类推，自发地发现、总结相关语法规则。引导性的发现法在语法教学中比较常见。例如，"是……的"句的用法有很多，其中的一种用法是"着重指出动作发生的时间、地点、方式、目的等内容"。利用引导性的发现法讲解这种用法时可分两步完成。第一步，老师设置一个简单的完成时的句子，然后一步步提问，请学生回答。

教师板书：汤姆同学来中国了。（汤姆来自美国）

教师提问：请加上时间。

学生回答：汤姆同学今天来中国了。

教师：汤姆同学是什么时候来中国的？（"是""的"重读）

学生：今天。

教师：请说完整的句子。

学生：汤姆同学是今天来中国的。

（教师板书这个句子）

教师：汤姆同学是从哪儿来中国的？

学生：汤姆同学是从美国来中国的。（教师板书这个句子）

教师：汤姆同学是坐船来中国的吗？

学生：不是，汤姆同学是坐飞机来中国的。（教师板书这个句子）

教师：汤姆同学是为了工作来中国的吗？

学生：不是，汤姆同学是为了学汉语来中国的。（教师板书这个句子）

第二步，引导学生寻找语法规则。

教师：好，现在我们一起看你们刚才说的句子。

汤姆同学来中国了。

A. 汤姆同学是今天来中国的。

B. 汤姆同学是从美国来中国的。

C. 汤姆同学是坐飞机来中国的。

D. 汤姆同学是为了学汉语来中国的。

请大家找出这几个句子中传达出的哪些不同的信息。

学生：今天、从美国、坐飞机、为了学汉语。

教师：（把学生说的几个词在黑板上标记出来）请你们想一想，这几个词语说的内容跟"汤姆同学来中国了"这件事有什么关系，"今天"传达出了"汤姆来中国"的什么相关信息？

学生：时间。

教师：对，动作发生的时间。"从美国"又传达出了"汤姆来中国"的什么相关信息？

学生：地方。

教师：对，动作发生的地点。"坐飞机"又传达出了"汤姆来中国"的什么相关信息？

学生：交通工具。

教师：对，动作发生的方式。为了"学汉语"又传达出了"汤姆来中国"的什么相关信息？

学生：来干什么的，为什么来中国。

教师：对，这也就是动作发生的目的。

现在你们可以说一说用"是……的"句型有什么作用吗？（板书，在四个句子后分别写上"时间""地点""方式""目的"）

学生：可以说明动作发生的时间、地点、方式、目的等情况。

教师：好！我们再来比较下面的句子：

A. 汤姆今天来中国了。

B. 汤姆是今天来中国的。

请你们想一想,用"了"的句子着重说明什么?用"是……的"的句型着重说明什么?

学生:用"了"的句子说明"来中国"这个动作已经发生了,用"是……的"的句子着重说明动作发生的时间是"今天",不是别的时间。

教师:说得很好!所以说,用"是……的"句型是为了强调说明一个已经发生的动作的时间、地点、方式、目的等具体内容。大家发现了这条语法规则,下面请大家看图造句,用上"是……的"这个句型。(学生开始练习)

以上介绍了四种对外汉语语法教学的基本方法,在语法教学中选择哪些方法,要具体情况具体对待。

(二)课堂语法教学中的讲练策略

对外汉语课堂语法教学有很多讲练策略,主要有精讲多练,讲练结合;浅化语法规则,进行简化表述;机械性练习与有意义的练习相结合;模拟交际练习。

1. 精讲多练,讲练结合

语法的讲解要简短,尽量避免学生产生枯燥、乏味、无聊的感觉。对语法的讲解应该是抓关键要点地讲,讲对学生最直接有用的东西,同时又要富有启发性。每一次简短的讲解后,应让学生做大量的相关练习。要从不同侧面、不同角度、不同层次设计练习,让学生把所学的东西在设计的语境中进行实际操练、反复练习,以达到会用的目的。练习的设计还要有针对性,能体现所讲的法则、规律。教师及时结合学生练习中的偏误分析,使学生真正掌握语言知识,真正获得语言的应用能力。

2. 浅化语法规则,进行简化表述

在给学生做语法现象解释或使用条件说明时,最好是一条一条、简明扼要地展示出来。可以用文字描述,也可以用图表或线性序列,或者用高度概括的公式或图示显示出来。例如,对程度补语的文字表述,主语+动词+宾语+重复的动词="得"+程度补语;对"着"的公式表述,V1+着+(O1)+V2+(O2)(躺着看小说);对"不"和"没(有)"对比分析用类似表 5-2 的形式来表述。

表 5-2 "不"和"没(有)"的对比分析

修饰	"不"	"没(有)"
动词	否定动作本身如吃、不吃	否定动作的完成或经历如睡了、没(有)睡看过、没(有)看过
形容词	否定性质如冷、不冷	否定性质的变化如红了、没(有)红干净过、没(有)干净过

另外,在解释语法规则时,尽量少使用语法术语,必要时利用一点学生的母语。

3. 机械性练习与有意义的练习相结合

机械性练习的答案完全由教师控制，不大需要学生理解，其目的在于使学生较熟练地掌握某种语法结构。机械性练习项目如重复、替换、模仿、扩展等。例如，练习动作持续了多长时间的表达方式：

教师	学生
学游泳	我学了两个月的游泳了。
打乒乓球	弟弟打了三个小时的乒乓球了。

与机械性练习不同，有意义的练习虽仍由教师控制学生的答案，但需要学生理解教师所说的，理解结构的意义，否则不能正确回答。例如，练习倍数的说法：

教师	学生
瓜子 10 元/斤，花生 5 元/斤	瓜子的价钱是花生的两倍。
蛋糕店：面点师 6 个，裱花师 2 个	蛋糕店面点师的人数是裱花师的三倍。
上海→北京：飞机 2 小时，火车 12 个小时	从上海到北京用的时间，火车是飞机的 6 倍。
哥哥 12 岁，弟弟 3 岁	哥哥的岁数是弟弟的 4 倍。

机械性练习与有意义的练习在目的方面有所不同，也各有优势，因此在语法教学中注意两者的有机结合，有助于学生更好地掌握汉语语法规则。

4. 模拟交际性练习

在模拟交际性练习里，教师想方设法创造环境，只控制学生答案的类型，学生可以根据具体情况提供新的具体的信息，这方面是不受控制的。例如，练习"有"字句：

教师	学生
你们班有多少人？	我们班有 ____ 个人。
你有哥哥吗？	我 ____ 哥哥。
你哥哥有孩子吗？	我哥哥 ____ 孩子。
你哥哥有几个孩子？	我哥哥 ____ 个孩子。
你有铅笔吗？	我 ____ 铅笔。

学生对作为第二语言的汉语学习，主要产生于他使用这种语言的时候，而模拟交际性练习无疑为使用汉语提供了语境和机会。从近年来的发展趋势看，课堂教学中的模拟交际越来越受到重视。

除上述策略外，课堂语法教学要多安排学生进行不同性质的练习，如理解、模仿、记忆、交际、口头表达训练、阅读训练、笔头表达训练等。造句、填空、改错、翻译、是非选择等属于理解性练习。替换等句型操练，多为机械性练习，也就是模仿性练习。记忆性练习的目的就是使短时记忆发展为长时记忆，为加强记忆，记忆性练习的方式应尽可能多样化。听力训练中的语义理解练习就是典型的交际性练习。口头表达训练以成段表达能力训练为主，如复述课文、依据一定的题目讲故事等。阅读训练主要是阅读一些经典的短文、片段，培养阅读能力。笔头表达训练以语篇训练为主，不但培养写字的能力，还培养写话和应用文的写作能力。

教师在带学生做练习时，应该注意以下几点。第一，要明确指令。第二，至少要给两个例子。第三，讲练要保持一定的速度，不要因个别差的学生而放慢速度。第四，机械练习可以齐回答或分组回答，而创造性练习则要请学生单独回答。第五，口头练习不应该一味地依靠课本，而要合上书做。第六，叫学生回答时应事先给予必要的提示，并要给一定的思考时间。第七，不要按固定顺序叫学生回答问题。第八，叫学生回答时应事先给予必要的提示，并要给一定的思考时间。第九，不要按固定顺序叫学生回答问题。第十，练习项目要有变化，否则就会令学生感到枯燥、无聊。第十一，应使用引导的方式启发学生自己纠错，指出的错误应该是主要的、具有普遍性的错误，纠错后给予反馈。第十二，纠错要注意时机，不要无礼、粗暴地打断学生的话。

二、对外汉语语法教学的技巧

对外汉语语法教学的技巧一般分展示语法点的技巧、解释语法点的技巧、语法点练习的技巧。其中，展示语法点是语法教学的第一步。展示语法点的技巧，可以让学生更容易、更快掌握语法点的用法。解释语法点主要是解释语法点的形式、意义、功能。语法点的练习最终要使学生懂得如何使用所学的语法点。

（一）展示语法点的技巧

展示语法点就是向学生讲授语法点，让学生对讲授的语法点有一个初步的印象，尤其是初步了解语法内容（句型或词语）的形式、意义和功能。展示语法点，通常借助物件、图片、问答、情景、肢体语言进行展示。

1. 利用物件、图片等直观手法展示

（1）实物

利用课堂上所存在的或教师事先准备的实物展示语法点。课堂上所存在的实物一般有黑板擦、粉笔、粉笔盒、讲台、书、钢笔、铅笔、尺子等，老师也可以事先准备学生比较感兴趣的实物，如巧克力、苹果、花等。以下以粉笔、凳子、灯等实物为例讲解"存现句"。

教师：粉笔盒里有粉笔。（边说边指示给学生看）

教师：粉笔盒里有什么？

学生：粉笔盒里有粉笔。（教师板书这个句子）

教师：走廊里有什么？

学生：走廊里有凳子。（教师板书这个句子）

教师：天花板上有什么？

学生：天花板上有灯。（教师板书这个句子）

教师：好，这就是我们今天要学习的句型，（板书）处所（地点）+有+名词性词语（人、物），现在请大家用这个句型来造句子，可以设想一个情景，可以是教室，也可以是自己的卧室，或者一个商店里的情景。

学生：（造句）……

教师也可以用身边的实物讲"在……下面（上面），在……左边（右边），在……外面（里面），在……附近，在……中间，在……头上"等句型结构。

教师使用专门准备的实物展示语法点。比如教"另外"：

第一步，教师出示五支红色粉笔、两支白色粉笔，说："我有七支粉笔，这五支是红色的，另外两支是白色的。"

第二步，出示两个大小相差很大的尺子，说："这儿有两个尺子，这个是长的，另外一个是短的。"说完这两个句子后，教师把"另外"板书到黑板上，带学生念几次。然后，教师就刚才的例句进行再次使用，但只说前半部分，让学生说出含有"另外"的部分。教师也可以准备其他日常实物，如蔬菜、水果、甜食、文具、衣物、大众玩具等，帮助学生练习："这儿有两块蛋糕，这个是草莓味的，那个是杧果味的，请用'另外'说出句子。""这儿有两件衣服，这件是红色的，那件是黄色的，请用'另外'说出句子。""这儿有两个车模型，这个是汽车，那个是卡车，请用'另外'说出句子。"……

第三步，教师把所使用过的实物请学生使用，说出不同的含"另外"的句子。

（2）道具

教师通过事先准备好的道具，引出语法点。例如，讲长度、宽度、身高时，用事先准备好的尺子，可以量课桌、椅子、黑板的长宽尺寸，量身边同学的身高等，帮助学生练习长度、宽度、身高的说法。讲时间时，用硬纸板做的钟表，可以随意拨动指针，帮助学生练习时间的说法。学习方位词时，把讲台当作一个空间，用模型玩具车行走移动，展示方位变换。学习点菜时，可以使用放大的菜单等，在展示道具的同时用问答的形式引出并操练语法点。

（3）图片

在直观教学法中，最常用到的道具就是图片。图片材料有海报、明信片、照片，以及地图、商场散发的促销彩页等。当然，教师还可以画简笔画、漫画等来辅助教学。例如，讲授亲属称呼时，教师可以使用家庭照片；讲授不同时段太阳的叫法（朝阳、夕阳、骄阳）时，可以用自然风光照片进行展示；讲授地理位置时，可以使用地图；讲授量词时，也可以使用实物图片进行展示，如"一头牛""一只鸡""一面镜子""一列火车""一架飞机""一栋楼"等；用超市商品促销彩页，展示商品价格的标记法、买东西的说法、商品贵贱的比较法等；用漫画讲述故事，展示成语等。留学生学习汉语的初级阶段，比较实用、有效的方法就是用图片展示生词、新句型并进行练习。

2. 通过问答等交流形式展示

如果事先已经让学生进行过相关预习，教师在下节课开始时可以直接提问：哪位同学知道我们今天将要学习的语法点，请他说一说。直接提问，即直接进入主题，把将要讲授的语法点引出来。某个学生将语法点说出来，还可请其他学生回答，说出一样的或不一样的表达句式，如果有错误，教师要恰当地指出来，进行纠正，然后写在黑板上备用。直接提问的形式比较自然，也能引起学生的注意、兴趣，引发学生思考。当然，问答形式客观上也起到检查学生预习状况的作用，从而督促学生学习。

通过师生对话也可以将所要学习的语法点引出来。这种技巧也很实用、有效，尤其是在学生预习较好，而语法点又比较简单的情况下，效果良好。师生的一问一答，一般能够使学生紧张起来，从而迫使学生必须集中注意力。为使对话顺利进行，教师最好从学生熟悉的、轻易能够回答的话题入手，最终也就自然而然地引出语法点。以下以"是"字句为例进行分析。

第一步：教师向学生提问。

教师：我是赵华。你呢？

学生：我是南野秀一。（教师板书学生说出的句子，以下同）

教师：我是男士。你呢？

学生：我是女士。

教师：东京是日本的首都。北京呢？

学生：北京是中国的首都。

教师：咱们学校右边是医院，左边呢？

学生：学校的左边是银行。

教师：黑板上写的是英文吗？

学生：不是。

教师：请说完整的句子。

学生：黑板上写的不是英文。

教师：那么，是什么？

学生：黑板上写的是汉语。

教师：这个水杯是我的，那个水杯是谁的？

学生：那个水杯是我的。

教师：以前我不是教师，是汽车司机。以前，你是留学生吗？

学生：以前我不是留学生。

第二步：教师请学生朗读板书的句子。

A. 我是南野秀一。

B. 我是女士。

C. 北京是中国的首都。

D. 学校左边是银行。

E. 黑板上写的不是英文。

F. 黑板上写的是汉语。

G. 那个水杯是我的。

H. 以前我不是留学生。

第三步：教师总结。例A、C判断说的事物等于什么，例B、G判断说的事物属于什么，例D、E、G既有判断意义，又有存在意义，例E、H是"是"字句的否定形式，例H说的"是"字句表示过去的情况，因此不能用"了""过"等。

第四步：教师请学生根据个人或班级里的实际情况进行问答练习，巩固"是"字句用法的掌握。

听写可以将所要引出的语法点的应用实例、例句通过课堂听写的形式展示出来。例如，讲比较句中的"比"字句，可以让学生听写：

我比妹妹高。

我比妹妹跑得快。

我的鞋比妹妹的大一点儿。

我游泳游得比妹妹快多了。

然后对句型进行讲解、操练等。听写常在配合检查学生复习和预习的情况时使用，简单实用，但又比较机械。

3. 情景引入法

情景引入法和问答的方式特别相似，只不过情景引入法中的"问答"需要设置一定的情景。比如讲"连……都／也＋动（……）"句时，可以"去张家界旅游"为情景进行会话，引出语法点。

第一步：教师跟学生进行情景会话，引出语法点。

教师：元旦节假期大家出去玩了吗？

学生A：没有。我在图书馆看书。

教师对学生B：他连假期都不出去玩，肯定能把汉语学好。

学生B：对。

教师：请重复我的句子。（学生重复时板书）

教师对学生B：元旦节假期你出去玩了吗？

学生B：出去玩了。爸爸来看我，我们去了湖南。

教师：你带你爸爸去张家界了吗？

学生B：没有。

教师：为什么你连张家界都没去？

学生B：我们连张家界都没去，假期太短，时间不够了。

教师：太遗憾了，下次有机会一定要去啊！

教师对学生C：你去过张家界吗？

学生C：去过。我和家人都去过。

教师：哦。连你奶奶都去过吗？

学生C：是的，连我奶奶都去过。

第二步：教师板书体现语法点的句子。

a. 他连假期都不出去玩。

b. 我们连张家界都没去。

c. 连我奶奶都去过。

第三步：教师总结。

"连"字句常体现的是一种极端情况。"连"后边引出的事物或行为，通常是说话人感到意外，或者按一般常识情理不会如此，但又确实发生、出现了。例a中"假期不出去玩"，例b中"没去张家界"，例c中"奶奶去过"，都含有"不符合一般常识情理""出乎意料"等意味，所以使用"连"字句可以把"意料之外"的内涵反映出来。

第四步：教师提供不同情景，学生练习使用"连"字句。

4. 利用肢体语言展示

利用肢体的动作展示语法点比较形象、直观，学生很容易理解、接受。肢体动作可以是教师自己做，也可以让学生做。比如教趋向补语"进来、进去、出来、出去、上去、上来、下去、下来、回去、回来"等，教师利用教室的门、楼梯等物，用趋向补语要求其做动作，然后请一位或两位学生跟着自己做这些动作。做动作结束后，教师指引学生说出趋向补语的句子，带着学生一起说：

老师进来了。

老师出去了。

老师出来了。

老师进去了。

老师上去了。

老师上来了。

老师下去了。

老师回去了。

老师回来了。

在这里教师必须注意"来""去"的方位指向，让学生清楚什么情况下用"来"，什么情况下用"去"。之后，教师再进一步让学生自己看着动作（如蹲下、起来、跑出去、跑进来、摇头、点头、拥抱、摊手、抱拳、弯腰、弓背）说出其他句子。

又如，教师介绍结果补语"打开""关上""合上""拉上""吃饱""摔倒""打碎""喝足""睡好"，可利用教室的窗户、窗帘、学生的书包、文具盒、书本等各种物品，做"打开""关上""合上""拉上"等动作，然后板书，让学生明确结果补语的含义。

（二）解释语法点的技巧

解释语法点，首先是解释语法点的形式，一般包括结构本身及其相关结构形式，如肯定式、否定式、疑问式等。与旧语法点关系密切时，还应指出新旧语法点之间的联系和区别。其次是解释语法点的意义。这种解释要充分利用新旧语法结构之间的语义联系，用对比、分析等方法进行解释。最后是解释语法点的功能，告诉学生所教语法点的功能和使用语境、条件。让学生掌握语法点的功能一般是比较困难的，反映到实际运用中，通常的毛病就是学生"不能恰当地使用语言来表达自己的意思"，或者不合时宜，或者符合中国人的文化心理，或者符合逻辑，甚至符合自己的身份。在特定的情景下，学生用的词汇、句型都不恰当。对此，教师应该要在语法解释方面多下功夫，尽量向学生详细、准确地教授语法点的使用规则、使用条件、使用环境等。比如教学生问年龄时,要让学生明白"几岁""多大""多大年纪(岁数)"所适用的不同对象。

常用的语法解释技巧有直观解释法、化繁为简解释法、对比解释法、情景解释法等。

1. 直观解释法

直观解释法一般用到图片、简笔画,或其他一些道具,甚至可以进行表演。图片是学生学习汉语的初级阶段的重要道具。在初级阶段,学生掌握的词汇量有限,学习的语法点也比较简单,利用图片很容易达到教学目标,只是教师准备图片需要花费较多的时间和精力。例如,解释存现句、比较句等,就很适合利用图片。但是,教师应该注意图片所表达意义的准确性,不能模糊,也不能是容易引起歧义的。

用简单形象的简笔画帮助学生理解语法点。简笔画对绘画水平的要求不高,因此一般教师都可以使用简笔画,只要能表达出相应的意思即可。有的时候,教师随手画也更能引发学生的好奇心,或者对教师的简笔画进行评价,从而起到活跃课堂的作用,学生的注意力也就自然而然地集中到黑板上来。比如讲解趋向补语"动词+上来/下去/进来/出去……"时,利用简笔画就既简单又直观。讲解比较句时也可以用简笔画比较大小、高低、远近等。

解释语法还可以利用很多道具。例如,讲时间时,最方便、最好用的就是钟表。讲讨价还价的、对比价格的语法点时,还可以充分利用商场散发的宣传促销彩页,或者准备一些实物作为道具,使语法点的解释更为形象、具体。

表演主要是通过动作将语法点直观化,通常是教师或教师跟学生一起通过表演帮助学生理解语法点。比如讲方位词时,教师可以利用教室的门做出"出去""进来"的动作,也可以让学生做这些动作,一边做一边说。讲"往前走,往右拐""往上看""往外跑"等也可以做出相应的动作。讲解"到某个地方去"时,可以在不同位置的学生课桌上贴上不同地点的标志,指示学生(一到两名),到某个地方去,然后让学生互相指示,做出动作,说出相应的词汇、句子等,从而达到练习的目的。

直观解释法使课堂气氛十分活跃,容易激发学生的学习兴趣,通常会积极参与其中。但是,直观解释法较适用于初级程度的学生,到中级、高级阶段后,就要做出相应的改变,少用甚至不用。

2. 化繁为简解释法

使用图示、公式、符号解释语法点,可以起到化繁为简的作用。用图示或公式将语法点的形式列出,简明扼要,便于学生记忆和理解。图示或公式可以写在黑板上,也可以制作成图表或卡片。

比如解释"把"字句的基本句型结构,就可以这样写:

名词（施事者）+把+名词（受事者）+动词+其他

教师着重解释图示中的"其他"是什么，以及"动词前后一些别的成分"，让学生更充分掌握"把"字句的使用条件、语境、情景等。

又如，讲"连"字句，可以把强调部分所适用的词性情况用图示解释给学生，帮助学生记忆、掌握：

$$连+\begin{Bmatrix}①名词\\②动词\\③数量词语\\④小句\end{Bmatrix}+都/也+动词……$$

在图示的同时给出典型的例句，让学生更容易理解、掌握。使用公式，如在解释比较句中"比"字句的语义关系时，可表示为：

甲+比+乙+形容词——甲+形容词

哥哥比妹妹高——哥哥高（妹妹矮）

又如结果补语的语义结构可表示为：

苹果我吃完了——我吃+（苹果）完了

他吃饱了——他吃+他饱了

在解释语法点时，使用一些固定的符号将语法点形式化，简单明确，也便于学生记忆，也可以作为练习时的提示。

用符号解释语法点，简单明了，但前提是学生必须了解并熟悉每个符号所代表的语法内容，因此符号不能着急编创，而应该要有依据性，比如依据英语的语法词汇等。

3. 对比解释法

对比解释法，如新旧对比、内部对比、汉外对比等。

（1）新旧对比

新旧语法点在形式上有联系，在语义上对等，语法形式相近，即可用对比的方法解释语法项目。

教师使用新旧对比法可以这样解释：可能补语表示可能时加"得"，语义相当于"能"；表示不可能时加"不"，语义相当于"不能""没办法"；表示疑问时多用"得……吗"，语义相当于"能不能"。

（2）内部对比

内部对比即通过汉语内部语法形式的比较，说明相关的语法点的异同，侧重点是"异"。在分析意义、用法相近的词语（特别是虚词）时，使用内部对比一般都能够奏效。例如,当讲"再、又"这一组副词的语法点时,可以进行下列的对比说明。

相同点:都表示频率或重复。

相异点:第一,表示重复或继续时,意义不同。"再"表示"主观、待重复",如"再说一遍","又"表示"客观、已重复",如"又吃了一顿"。第二,使用情况不同。"再"可以用于祈使句、假设句,而"又"不可以。例如,可以说"明天我们再讨论这个问题吧!"而不能说"明天我们又讨论这个问题吧!""再"用在能愿动词后;"又"用在能愿动词前。例如,可以说"你能再给一点吗?"而不可以说"你能又给一点吗?"

这种方法也可以用于一些相近语法形式的比较,比如"动词+着"和"在+动词"两种形式的用法有相近之处,可以用表5-3的样式进行比较说明:

表5-3 "动词+着"和"在+动词"的语法形式比较

动词+着	在+动词
表示事物存在的状态	表示动作的进行
是描写性的	是叙述性的
例:老虎跑着	例:老虎在跑

(3)汉外对比

汉外对比,即将所教学的语法点与学生的母语中相应的语法结构或项目进行比较,有助于学生更好地理解汉语语法点。汉外对比比较的是相同、相似、相异之点,重点是要指出不同之处。这种方法可以较为直接且较快地解决学生的疑难,但也有一定的局限性。一个班级里的学生,其母语不一定相同,由此可能又产生新的问题。这方法对教师的要求更高,要求教师精通与汉语进行对比的外语。因此,使用汉外对比只能是在有限的条件下进行,不适于大规模、高频率运用。当一个班里的学生的母语为英语,而教师又精通英语,可以在教学中适度、适时地运用汉英比较。

4.情景解释法

班级的情况也可以成为解释语法点的情景,如学生来自的国家、性别比例等。以讲"……占……的几分之几"为例,就可以利用学校的实际情况:

教师:我们学校有多少个班级?

学生:30个。

教师:我们学校学习汉语的一共有多少个班级?

学生:3个。

教师：那么，学习汉语的班级占全校班级的几分之几呢？

学生：学习汉语的班级占全班班级的十分之一。

教师：很好！我们班来自美国的学生有多少个？

学生：5个。

教师：我们班级有多少个学生？

学生：30个。

教师：那么美国学生在班里的比例是多少？

学生：美国学生在班里的比例是六分之一。

有了这样的情景，教师无须解释太多，学生自然就在情景中明白了句型的用法。

讲"比较句"时也可以用情景解释法，为起到对比的作用，所选的列举对象应该在某方面相差特别大，而且是容易观察得到的。有了特定的情景，学生可以确切理解句型语义。

除上述解释法外，还有翻译、学生解释的技巧。翻译即把要解释的语法点直接翻译成学生的母语。当解释某个语法点的意义比较抽象，而采用直观手法又难以说明时，可以使用翻译的方法。需要指出的是，翻译本身可能带来一些语义、语用方面的歧义或偏差，尽量不用或少用。让学生用汉语解释语法点，主要适用于简单的语法项目。

（三）语法点练习的技巧

语法点的练习技巧主要有机械练习、有意义的练习和交际练习。前两种练习为交际练习做铺垫，交际练习是语法点练习的重点。关于语法点练习的技巧，前文的讲练策略内容已经有所分析，此处不再赘述。

第六章 文化视角下的对外汉语汉字教学

第一节 对外汉语汉字教学的任务与原则

在对外汉语教学中，汉字可以说是对外汉语学生学习的难点与重点。而且，对外汉语教学中如不能很好地解决汉字教学问题，将会对对外汉语学生的学习造成不利影响。为此，需要对对外汉语汉字教学进行不断研究与实践，以找到更为合适且方便的对外汉语汉字教学路子。

对外汉语汉字教学有着自身独特的教学任务，而要确保对外汉语汉字教学的顺利实现，必须在教学过程中遵循一定的原则。

一、对外汉语汉字教学的任务

对外汉语汉字教学有着多方面的教学任务，但概括来说主要有以下五个。

（一）使对外汉语学生掌握汉字的基本知识

对于对外汉语汉字教学来说，使对外汉语学生掌握汉字的基本知识是其最基本的一个任务。具体来说，对外汉语学生应掌握的汉字基本知识主要包括以下五方面的内容。

1. 汉字特点知识

在进行对外汉语汉字教学时，要使对外汉语学生更容易、更有效地掌握汉字，就必须让他们掌握汉字的特点。具体来说，对外汉语汉字教学中需要告诉对外汉语学生的汉字特点知识主要有以下四个。

第一，汉字是音、形、义有机的统一体，每一个字形中都包含着特殊的音和义。

第二，汉字相比其他的拼音文字来说，其字形的表音功能是比较差的，往往很难见形知音。

第三，汉字中有着数量不少的同音字、多音字和形似字，在具体使用时必须依据一定的语境。

第四，汉字的字形不仅可以阅读，而且担当着一定程度的表义功能。

2. 汉语拼音知识

对于对外汉语学生来说，要想学好汉字要首先学好汉语拼音，而且汉字的字音相比汉字的字形和字义来说更容易掌握。

对外汉语学生只有学会了汉语拼音，才能更好地对汉字进行辨别。比如，对外汉语学生在掌握了汉字的声调后，便能在选择汉字时缩小一定的范围，如"hao"这个音节的字有"好、号、毫、浩、豪、昊、皓、郝"等，如果说"hǎo"，就可以将"号、浩、豪、昊、皓"等大部分的字排除。

此外，对外汉语学生对汉语拼音知识掌握的好坏，将对其日后对汉字的听、读、写以及汉语工具书的运用能力产生一定的影响。可见，在进行对外汉语汉字教学时，必须使对外汉语学生有效地掌握汉语拼音知识。

3. 汉字结构知识

对于对外汉语学生来说，了解汉字结构方面的知识，将对其汉字学习产生重要的促进作用。

汉字从其构形的角度来看，可以分为笔画、部件和整字。其中，整字又可以分为两种类型，即独体字和合体字。在常用的汉字中，相比合体字来说，独体字是比较少的，但有着很强的造字功能，而且能够充当构字部件来表音或表意。比如，独体字"马"作为构字部件时，既可以表音如"吗、妈、码、骂、玛"等，也可以表意如"驾、驰、骑、驶、驭"等。合体字有着多种多样的结构类型，包括上下结构（如秀、茹、努、照、只、吴等字）、左右结构（谈、眼、胡、族、投等字）、包围结构（如图、团、回、固、囚等字）、穿插结构（如禹、重、事、册等字）、品字结构（如品、森、磊、鑫、淼等字）等。

4. 汉字笔画知识

汉字构形的最小单位、构造汉字的线条，便是笔画。现代汉语的汉字笔画，从一画到多画不等，其中以九画字最多。在汉字的笔画中，最基本的有横、竖、撇、点、捺、折、钩和挑，而这些汉字基本笔画又可以发生一定的变形，从而演变出更多的笔画。

对于对外汉语学生来说，只有掌握了汉字的笔画，能够正确地书写汉字笔画，才能在日后更为容易地学习汉字的部件与结构。

5. 汉字笔顺知识

汉字的书写在笔顺方面是有一定规则的，一般而言，汉字的基本笔顺是先横后竖（如干、十等）、先撇后捺（如八、从等）、先左后右（如结、外等）、先上后下（如兑、亮等）、先外再里（如凰、月等）、先中间再两边（如业、承等）。

可是，就我们自己来说，对于汉字的笔顺问题也处理得不是很好，写错汉字笔顺的现象并不少见。因此，要求对外汉语学生必须遵守汉字的书写笔顺是不够现实的。但是，在对外汉语汉字教学中，还是应尽可能让对外汉语学生掌握汉字的基本笔顺规则，以使他们在形成良好的书写习惯、提高汉字的书写效率和美观度的基础上，为日后的汉字认读与记忆打下良好的基础。

（二）培养对外汉语学生的汉字认知能力

培养对外汉语学生的汉字认知能力，也是对外汉语汉字教学的一个重要任务。对外汉语学生的汉字认知能力，体现了其对汉字在实际运用中的状态的把握。而在对对外汉语学生的汉字认知能力进行培养时，应着重从以下三方面着手。

1. 培养对外汉语学生的汉字字形认知能力

汉字字形认知能力，也是认知汉字结构特点的能力。判断对外汉语学生是否形成了良好的汉字字形认知能力时，主要是看其在看到一个汉字时，能够自觉地进行这样的思考：这个汉字是独体字还是合体字？若是独体字的话，其字形表示的是什么意义？若是合体字的话，其结构、构成部件及其充当的角色是怎样的？

2. 培养对外汉语学生的汉字字音认知能力

汉字是一种典型的深层文字，它没有形—音对应或形—音转换的规则，因此在词汇通达或语义提取中，汉字的语音激活可能比英文迟缓一些。也就是说，汉字字形的表音能力是比较弱的。不过在汉字中有一类字的表音功能是比较强的，即形声字。但是，形声字的声旁表音与形声字的读音完全一致的情况则比较少。

对对外汉语学生的汉字字音认知能力进行培养，主要是让对外汉语学生在对汉字的表音规律有所了解的基础上，学会对独体字的字音进行识记、学会通过常用构字部件的表音规律对合体字的读音进行判断（如"青"与"请、情、清"等）、学会对多音字进行识别等。

3. 培养对外汉语学生的汉字字义认知能力

在对对外汉语学生的汉字认知能力进行培养时，不能忽略字义认知能力培养这一内容。汉字在最初是通过字形进行表意的，虽然现代汉字的字形已经很难看出古人要表示的意义，但积淀在其中的表意痕迹还是可以清晰地被挖掘出来的。

在对对外汉语学生的汉字字义认知能力进行培养时，要着重从以下四方面着手。

第一，引导对外汉语学生对独体字（如火、半、皿等）、会意字（如休、牧、林、男等）的字义进行理解。

第二，引导对外汉语学生对常用构字部件所表示的主要义类进行理解。

第三，引导对外汉语学生对形声字形旁所表示的意义进行理解。

第四，引导对外汉语学生对汉字的语境意义进行理解。

（三）培养对外汉语学生的汉字分析能力

所谓汉字分析能力，就是学生见到一个汉字时能从汉字结构本身的规律去审视汉字的结构和造字表意意图。对于对外汉语学生来说，只有形成一定的汉字分析能力，才能更为深入地认知汉字的特点，继而更容易地认知汉字结构与表音或表意等。而在对对外汉语学生的汉字分析能力进行培养时，要着重从以下三方面着手。

1. 培养对外汉语学生的汉字拆分和组合汉字的能力

拆分汉字和组合汉字反映了对外汉语学生对汉字结构的理解，对其认识和书写汉字有一定的帮助。为此，对外汉语教师在教学中需要设计一定的汉字拆分与组合练习，以促使对外汉语学生的汉字分析能力不断得到提升。

2. 培养对外汉语学生的汉字部件表意作用分析能力

对于对外汉语学生来说，只有具有一定的汉字部件表意作用分析能力，才能更为准确地对汉字部件的表意、表音作用进行认知。而要培养对外汉语学生的汉字部件表意作用分析能力，需要对外汉语教师在教学中特别注意以下两个方面。

第一，要明确地教给对外汉语学生各个具体汉字部件的作用，并帮助对外汉语学生充分地认知汉字部件在造字过程中的作用。

第二，要不断对汉字部件的表意和表音情况进行归纳与总结，并不断丰富自己的汉字部件相关知识，以便在教授汉字部件时清楚地讲授其字形与功能。

3. 培养对外汉语学生的汉字部件表音作用分析能力

在现代汉字中，形声字所占的比例可以说是最大的。因此，在对外汉语汉字教学中需要培养对外汉语学生对形声字的声旁表音作用进行理解与分析的能力。而在对对外汉语学生的汉字部件表音作用分析能力进行培养时，可具体从以下三方面着手。

第一，对外汉语教师在平时的汉字教学中要注意将常见的表音部件以及一些部件的表音规律详细地教授给对外汉语学生。

第二，对外汉语教师在平时的汉字教学中，要经常对形声字

第三，对外汉语教师在平时的汉字教学中，要提供大量的练习让对外汉语学生对汉字部件的表音作用进行分析。比如，让对外汉语学生写出所学汉字中的表音部件，并用这个表音部件写出自己知道的一个或多个合体字。

（四）培养对外汉语学生的汉字推理能力

对外汉语学生学习汉语的一个重要目的就是进行汉语阅读，而其在阅读过程中不可

避免地会遇到不认识的汉字。而要保证汉语阅读的顺利进行，就需要对外汉语学生对不认识的汉字进行一定的推理。由此可知，培养对外汉语学生的汉字推理能力是十分重要的。

所谓汉字推理能力，就是学生在看到一个不认识的汉字时，能以字形的部件以及自己所具有的部件知识为依据，对其读音及意义进行判断的能力。举例来说，在看到"敡"（yì）这个不常见且不认识的汉字时，可以自己的汉字部件知识为依据，大致推测出部件"支"可能是表意的，而根据它在"敲"中的作用可大致推断其与用手敲击有关；部件"易"可能是表音的，而根据"易"做音符时主要读"yì"可大致推断它的读音。

在对对外汉语学生的汉字推理能力进行培养时，可具体从以下三方面着手。

第一，要将对对外汉语学生汉字推理能力的培养贯穿到对外汉语汉字教学的全过程。

第二，要引导对外汉语学生牢固掌握汉字基本部件的表意与表音特点，否则其将无法对汉字进行有效推理。

第三，要教会对外汉语学生借助于一定的语境对汉字进行推理。

这里需要特别指出的一点是，在短时间内使对外汉语学生形成良好的汉字推理能力是比较困难的，而且要求对外汉语学生必须具有一定的汉字推理能力也是不现实的，因为即使是接受过良好教育的中国人也未必能将自己拥有的汉字知识用于推理自己不认识的汉字。

（五）培养对外汉语学生的汉字运用能力

对外汉语学生学习汉字的最主要目的便是进行运用，因此在对外汉语汉字教学中要注意培养对外汉语学生的汉字运用能力。

对外汉语学生的汉字运用能力，具体来说体现在六个方面：一是听，即在听到汉字的读音后能知道它的意义；二是说，即正确说出汉字的读音；三是读，即正确读出汉字的发音；四是写，即正确地书写汉字以及运用汉字进行写作；五是查，即能熟练运用汉语工具书或是汉英词典等对需要了解的汉字进行查阅；六是打，即正确而熟练地运用汉字输入法打出自己需要的字。

二、对外汉语汉字教学的原则

在进行对外汉语汉字教学时，要想保证教学的效果，就必须遵循一定的教学原则。具体来说，对外汉语汉字教学的原则主要有以下六个。

（一）循序渐进原则

汉字在结构的繁简以及笔画方面存在较大的差异，而先教结构简单、笔画少的汉字，再教结构复杂、笔画多的汉字是符合对外汉语学生学习汉字的认知规律的。也就是说，在进行对外汉语汉字教学时应遵循循序渐进的原则，即由简到繁、由易到难。

在对外汉语汉字教学中遵循循序渐进原则，不仅有助于减少甚至消除对外汉语学生学习汉字的畏难情绪，而且能有效提高对外汉语学生学习汉字的兴趣。

（二）对象性原则

对外汉语学生的来源是十分广泛的，既可能来自日本、韩国等汉字文化圈内的国家，也可能来自英国、美国等非汉字文化圈内的国家。由于二者在汉字认知方面存在一定的差异，因此在对外汉语汉字教学中应遵循对象性原则，即以对外汉语学生的文化圈以及汉字认知方式与汉字认知能力为基础对汉字教学的内容、方法等进行合理选择。

此外，对外汉语汉字教学的对象性原则还要求在进行对外汉语汉字教学时充分考虑到对外汉语学生的年龄特点，以便更有针对性地选择汉字教学内容与方法等，促使对外汉语汉字教学获得最佳的效果。

（三）层次性原则

对外汉语汉字教学的层次性原则，就是在进行对外汉语汉字教学时先从笔画和部件入手，最后教整字。这是因为，汉字构成的最基本要素是笔画，对外汉语学生要想正确地对汉字进行书写，必须了解和掌握笔画的相关知识；汉字构形的基本单位是部件，部件之间的组合便构成了合体字，因而在教授了笔画后，就需要教授部件。而且，教授部件有助于把汉字笔画繁多的特性变得相对简单一些。比如，"骑"由11画构成，从笔画构成学习，需要记住笔画的名称和结构方式；而从部件构成学习，却只有三个部件，即马、大、可，而且每个部件的笔画都不多，进行记忆也比较简单。此外，对外汉语学生在掌握了大量的部件后，学习整体也会变得比较容易。

（四）多读少写原则

汉字有着较大的区别性，因而能够较为容易地进行辨认和区别。但是，汉字的形体结构是十分复杂的，因而在进行书写时往往比较困难。再加上对外汉语汉字教学中让对外汉语学生对于学过的汉字都能正确且熟练地书写是不可能也不现实的，对外汉语学生的汉字能力中最需要且使用最多的是认读能力，因此在实际开展对外汉语汉字教学时，可以遵循多读少写原则。

此外，在对外汉语汉字教学中遵循多读少写原则，不仅能使教师教学的效率以及对外汉语学生学习的效率得到有效提高，而且能有效降低对外汉语汉字教学的难度。

（五）规范性原则

对外汉语汉字教学最终要落实在对外汉语学生运用汉字上，而要保证对外汉语学生汉字运用的准确性和有效性，就需要在教学过程中尽可能教授规范性的汉字。也就是说，在进行对外汉语汉字教学时必须遵循规范性原则。

需要特别指出的一点是，这里所说的规范性的汉字就是《汉语水平词汇与汉字等级大纲》规定的汉字。

（六）适宜性原则

对外汉语汉字教学的适宜性原则，就是在进行对外汉语汉字教学时必须把握教学汉字的数量。在当前，对外汉语汉字教学大纲中所收的汉字不超过 3000 个，而且这些汉字不可能全部靠教学教给对外汉语学生。因此，在进行汉字教学时，要尽可能选择使用频率较高的汉字，且不可盲目地对汉字教学数量进行扩大。

第二节　外国学生的汉字偏误与汉字教学的新模式

对于外国学生来说，汉字的学习是一个难点，而且很容易出现汉字书写偏误。为了对这一现象进行改变，就必须积极探索对外汉语汉字教学的新模式。

一、外国学生的汉字偏误分析

外国学生在学习汉字时，出现偏误是不可避免的。但是，在对外汉语汉字教学中还是应尽可能教给对外汉语学生正确的汉字书写，减少甚至避免汉字偏误的出现。

（一）外国学生汉字偏误产生的原因

外国学生在学习汉字时，导致偏误产生的原因主要有以下四个。

1. 汉字的结构过于复杂

汉字的结构本身是十分复杂的，这导致外国学生在学习汉字时难以准确地记忆汉字的结构，从而在认知和书写汉字时很容易出现偏误。这可以说是导致外国学生汉字偏误产生的客观原因。

汉字是由笔画和部件构成的，但笔画和部件的组合并不是任意的，而是有一定规则可循，并表现出一定的层次性的。汉字书写时，无论采用怎样的字体与字号，书写都要保持笔画和部件的种类、位置及整字稳定的结构形式，同时书写时在笔画的长短、粗细、距离、形状及整字的结构比例等方面具有一定的自由度。举例来说，部件"口"在

"唱""合""名""司""囊"等字中有着不同的大小与结构关系，因此在具体书写时既要注意笔画的基本特征和部件整体性，又要把握它们与其他笔画、部件配合在一起时的协调性。对此，外国学生往往不能深入了解，从而导致其在书写时很容易出现偏误。

2. 对外汉语汉字教学中笔画的教学与训练不规范

汉字最基本的构成元素是笔画，而且笔画的冗余或缺损会导致汉字部件的书写、认知错误。因此，在进行对外汉语汉字教学时须特别注意笔画的教学与训练。

对当前对外汉语汉字教学中的笔画教学实践进行分析，可以发现一个重要问题，即未对外国学生的笔画书写错误保持高度敏感，从而导致他们在书写汉字时经常出现笔画的添加、缺少、异位等现象。在此影响下，外国学生在书写汉字时必然容易产生偏误。

为有效避免这种情况，在进行对外汉语汉字教学时要严格对待笔画教学，不能仅仅看外国学生写成的字是否正确、规范，还要注意检查他们在书写的过程中是否存在笔画、笔顺、部件与结构逆向书写的现象，以促使外国学生真正养成良好的汉字书写习惯，减少错字的出现。

3. 汉字中存在大量的同音异形字

汉字中存在着大量的读音相同，但意义和书写不同的同音异形字，而外国学生在学习汉字时往往没有意识到汉字的形体要从构形和构意两个角度去理解，因而在书写和运用时很容易出现混淆的现象，进而导致偏误出现。

4. 外国学生在学习汉语时存在的母语负迁移现象

对于非汉字圈的、习惯了拼音文字的外国学生来说，要学习从未接触过的方方正正且带有一定意义的汉字是十分困难的。在他们看来，汉字就像是一幅幅神秘的图画，不仅看起来奇怪，写的时候也不知该从何处下手。在这种情况下，外国学生在书写汉字时必然会出现偏误。

（二）外国学生汉字偏误的表现

对外国学生出现的汉字偏误进行深入分析，可以发现主要有以下四种情况。

1. 部件改换偏误

在外国学生出现的汉字偏误中，对汉字部件进行改换这类偏误可以说是最为常见的，且具体包括以下几种情况。

（1）形近改换

所谓形近改换，就是一些在意义上有明显不同而在形体上十分相近或相似的常用意符，外国学生由于对它们表示的类义不够清楚而在进行书写时很容易出现换用的现象。

（2）意近改换

有不少汉字的意符所表示类义是相同或相近的，也就是说相同或相近的类义可以用不同的意符来表示。对此，不少外国学生难以准确进行把握，因而在书写时很容易出现改换意符的现象。

（3）类化改换

所谓类化，就是由上下文的影响而改换某个字的意符。在外国学生出现的汉字部件改换偏误中，这类情况也是十分常见的。

一般而言，类化改换又可以细分为两种情况：一种是因受到词内前后字的影响，将"傍晚"写成"膀晚"、将"批评"写成"批抨"、将"环境"写成"坏境"、将"女性"写成"女姓"等；另一种是因受到短语内其他字的影响，将"一顿晚饭"写成"一饨晚饭"、将"陪她逛街"写成"倍她逛街"等。

（4）声符改换

在外国学生出现的汉字部件改换偏误中，声符改换的现象相比意符改换的现象来说是比较少见的。

综观外国学生汉字书写中出现的声符改换现象，可以发现比较常见的有将"牺牲品"中的"牺"写成"懦"、将"树叶"的"树"写成"椒"、将"电影"的"影"写成"形"、将"炫耀"的"炫"写成"烦"等。

2. 部件变形偏误

外国学生在学习汉字时，形近部件给其造成了很大的困扰，而且他们在书写汉字时很容易出现对汉字部件进行变形的情况。

3. 部件增减偏误

外国学生书写中出现的部件增减偏误，主要是外国学生给某个字增加或减少意符。

（1）部件增加偏误

部件增加偏误，即外国学生在书写时给某个字增加意符。举例来说，外国学生很容易将"及格"写成"极格"、将"喜悦"写成"嘻悦"、将"太平洋"写成"太评洋"、将"赞扬"写成"攒扬"等。

（2）部件减少偏误

部件减少偏误，即外国学生在书写时给某个字减少意符。举例来说，外国学生很容易将"城堡"写成"城保"、将"导致"写成"导至"、将"机会"写成"几会"、将"京剧"写成"京居"、将"习惯"写成"习贯"等。

4. 笔画偏误

汉字的最基本构成元素是笔画，而外国学生在学习笔画时很容易出现偏误，其中较为常见的有以下几种。

（1）笔形偏误

通常认为，现代汉字的基本笔形是横、竖、撇、点、折，其中又以横笔和竖笔的出现频率最高。

对于外国学生特别是具有拼音文字背景的外国学生来说，学习汉字笔画的形状是十分困难的，并且很容易从母语文字出发，将汉字笔画与自己母语文字的笔画进行简单比附，从而导致在书写汉字笔画时出现错误。比如，有些外国学生从拼音文字的弧线出发寻找其与汉字笔画的对应关系，从而在书写汉字笔画时很容易出现化直为曲的现象。此外，将短横变撇、将横钩变横、将竖提变竖、将竖弯钩变竖弯、将竖钩变竖、将横折弯钩变横折弯等，也是外国学生在书写笔画时经常会出现的错误。

在外国学生出现的笔形偏误中，还有一种常见的类型，即笔画变形偏误。举例来说，外国学生很容易，将"的"写成"白"和"勺"的组合，将"地"写成"土"和"也"的组合、将"常"写成"尚"和"巾"的组合等。

（2）笔向偏误

笔向即笔画的走向，汉字的笔向是复杂多变的，因而外国学生在掌握时较为困难，且很容易出现偏误。比如，在写"口"这个字时直接画一个正方形，而不是按照其正常笔向进行书写。

（3）笔际关系偏误

画与笔画之间的关系便是笔际关系，而现代汉字的笔际关系是十分复杂的。以笔画与笔画之间是否接触为依据，可以将笔际关系分为三种：一是相离关系；二是相接关系；三是相交关系。以笔画与笔画之间的相对位置为依据，可以将笔际关系分为两种：一是长短比例关系；二是上下内外关系。

外国学生在书写汉字时，由于对笔际关系的掌握不够全面、深入，因而在书写时很容易出现偏误。举例来说，外国学生很容易将"八"写成"人"、将"天"写成"夫"、将"土"写成"士"、将"日"写成"曰"等。

（4）笔画数目偏误

在外国学生出现的笔画偏误中，笔画数目偏误可以说是最常见的一种。所谓笔画数目偏误，就是在书写时增加了笔画或是减少了笔画。举例来说，外国学生很容易将"西"写成"酉"、将"吏"写成"史"、将"真"里面少写一横等。

(三)外国学生汉字偏误的纠正

外国学生在学习汉字时出现偏误是不可避免的,但在对外汉语汉字教学中,教师应注意采取一定的措施,使外国学生少出现甚至是不出现汉字偏误。具体来说,可以采用的措施有以下三个。

1. 要结合外国学生的认知特点进行因材施教

外国学生多是受过大学或高中以上教育的成年人,母语文化基础良好,且有较强的新事物和新知识认知与领悟能力,这对于他们来说是学习汉语和汉字的优势所在。但是,外国学生由于对汉语汉字大文化环境十分陌生,只能凭借自己已有的知识和经验通过形象联想来学习和记忆汉字,因而十分困难,且容易发生偏误。

实际上,外国学生之所以对学习汉字感到困难,主要是因为他们尚未建立起适合汉字学习的视觉记忆能力,等到他们学了一二百字并逐渐掌握了笔画、部件、偏旁、结构等知识后,便能较为容易地运用这些知识来学习和理解汉字了,并有效减少偏误的出现。因此,在对外国学生特别是初学汉语的外国学生进行汉字教学时,要注意结合他们的认知特点进行因材施教。

2. 要对汉字的理据性特点进行深入阐述

对于外国学生来说,只有真正了解和掌握了汉字的理据性,才能找出汉字的规律,继而在书写和运用时有效减少偏误。因此,对外汉语教师在进行对外汉语汉字教学时,要注意对汉字的理据性特点进行深入阐述。

3. 要重视笔画和部件的教学与训练

对外汉语教师在进行对外汉语汉字教学时,要重视笔画和部件的教学与训练,以便外国学生能够对汉字的各个构成部件的意义、来源、出现的部位以及笔画书写的相关内容等都有所了解,继而有效提高外国学生汉字学习基础,减少他们可能出现的汉字偏误。

二、对外汉语汉字教学的新模式

近年来,对外汉语汉字教学中出现了一种新的理念,即"认写分流"。该理念认为,汉字的认读与汉字的书写是两个不同的任务,且可以分步骤完成。在此理念的基础上,逐渐形成了一种新的对外汉语汉字教学模式。

(一)对外汉语汉字教学新模式的内容

对外汉语汉字教学新模式的内容,概括来说就是初期多认少写、中期多认多写、后期认写合流。

1. 初期多认少写

在对外汉语汉字教学的初期，对外汉语学生需要认读的汉字量要大大超过需要其会书写的汉字量。

2. 中期多认多写

这里所说的"多写"是相对于初期的少写来说的，而且并不是说认读多少汉字就要写多少汉字，而是要在认读基础上进行有控制的多写。

3. 后期认写合流

在对外汉语汉字教学的后期，要尽可能使对外汉语学生做到自如地随文识字和写字。

（二）对外汉语汉字教学新模式的实施条件

对外汉语汉字教学新模式强调多认，而对外汉语学生要想多认汉字，必须有一定的主客观条件保证，具体如下。

第一，对外汉语教师要对汉字教学的教材进行大胆处理，即不能亦步亦趋地跟着教材走，要注意对教材内容进行总体考虑、精心设计和全面把握，并合理安排一个学年内需要学习的汉字的顺序。

第二，对外汉语教师要注意对汉字认读和阅读的相关材料进行合理编排，以保证对外汉语学生阅读的质和量。

第三，要保证能够为对外汉语学生每日复印阅读材料，或是借助于多媒体向对外汉语学生展示每日需要阅读的材料。

（三）对外汉语汉字教学新模式的实施步骤

在对对外汉语汉字教学新模式进行实施时，可具体遵循以下步骤。

1. 多认少写

在这一阶段，要求对外汉语学生能够全部认读综合课涉及的生词以及课文中的句子。在此基础上，要注意对对外汉语学生需要书写的汉字进行确定，并尽可能做到由简到繁、由易到难。

这里需要特别指出的一点是，这里所说的"多认"并不是说让对外汉语学生尽可能多地识记汉字，而是要以教学计划的安排为依据，让对外汉语学生对综合课中涉及的汉字进行反复认读；这里所说的"少写"并不是说让对外汉语学生尽可能少地书写汉字，而是要以课时的安排和课文的实际汉字量为依据，对汉字书写计划进行合理的制订与安排。

2. 多认多写

对外汉语学生在经过一段时间的学习，对汉字的基本笔画、部件、一部分偏旁、独体字和合体字等有了较为全面的了解和较为准确的掌握后，就需要对他们的汉字书写数量进行提高了，但并不是越多越好，也就是说要对汉字书写的数量进行一定的控制。

3. 认写同步

认写同步意味着认写逐渐从分流走向合流，而要衡量对外汉语学生是否实现了认写同步，可以依据这样一个标准：是否综合课学了什么词语就会写什么词语。

第三节 对外汉语汉字教学的方法与技巧分析

对外汉语汉字教学的教学对象是千差万别的，但只要灵活地运用科学、合理的教学方法与技巧，便能使所有的教学对象都切实掌握所需学习的内容。

一、对外汉语汉字教学的方法

在进行对外汉语汉字教学时，根据汉字形体的特点以及对外汉语学生的具体情况实施行之有效的教学方法，是提升教学效率、提高教学效果的重要保证。因此，在进行对外汉语汉字教学时必须注意选择合适的教学方法。就当前而言，常用的对外汉语汉字教学方法主要有以下八种。

（一）字源法

在现存的文字体系中，汉字是最为古老的一种文字体系，而且汉字在最初产生时与现代汉字的形态有很大差别。不过，从汉字的结构上来说，绝大多数古今汉字并没发生改变。因此，在进行对外汉语汉字教学时可以运用字源法，即通过甲骨文、金文、小篆等古代汉字形象的字形特点进行现代汉字的字形教学。同时，运用这种方法进行对外汉语汉字教学，能够使对外汉语学生了解汉字的历史、对汉字的结构特点进行深刻认知，建立起学习汉字的认知模式，还能使其更容易、准确地掌握现代汉字。

一般而言，字源法主要适用于表意文字的教学，如象形字、指事字和会意字。

在汉字中，象形字所占的比例并不高，但它是构成新字的重要部件。因此，要想更为容易地学习汉字，就必须掌握象形字。象形字的字形十分类似于事物的外部轮廓，通常看到字形就能够对其所表示的事物进行认知。

指事字是象形符号加标识构成的，表示字所代表的意义。

会意字由两个或两个以上的形体或字构成，把形体或字的意义组合在一起，表示新字的意义。

（二）字族法

字族法，简单来说就是通过构建字族进行汉字教学的方法。在对字族进行构建时，常用的方式主要有以下两种。

第一，将某个独体字作为字族内的母字，通过进行笔画添加的方式来构成不同的汉字。

第二，将某些特殊笔画为母字，通过进行笔画添加的方式来构成不同的汉字。

（三）字素分析法

字素分析法，就是对构成汉字的要素分析解构进行汉字教学的方法。具体来说，字素分析法就是将一个字分成几个相对独立的部件。比如，将"的"分为"白"和"勺"两个部件、将"集"分为"隹"和"木"两个部件、将"椅"分为"木""大"和"可"三个部件等。这样，在对汉字进行记忆和书写时便会变得比较容易。

（四）部首法

在进行对外汉语汉字教学时，部首法的运用是十分广泛的。所谓部首法，就是通过分析汉字的字形结构来帮助对外汉语学生识记和书写汉字。

一般而言，汉字的部首相同，其所表示的汉字在意义上也会有一定的联系。以"木"这一部首来说，由其构成的字基本上都与树、木材有关，如柳、柏、杨等都表示树，桌、椅、床等表示木制的用具。

（五）字音法

字音法，就是利用字音进行对外汉语汉字教学的方法。在现代汉语中，同音字占有的比例是很大的，且是对外汉语汉字教学的一个难点。而利用字音法进行对外汉语汉字教学，能够在一定程度上化解同音字带来的问题。具体来说，在对外汉语汉字教学中利用字音法，又可以细分为以下三种情况。

第一，借助于同音异形字法对同音字进行区别，如"防、妨、房、肪""照、赵、罩""风、封、峰、丰、蜂"等。

第二，借助于声韵同音字法（即利用汉语四声别义别字的方法）对同音字（严格来说是近音字）进行区别，如"fu"系列的"富、福、幅、副"等。

第三，借助于同音形近字法对同音字进行区别，如"才、材、财""彩、采、踩、睬""篮、蓝"等。

（六）部件法

在现代汉字中，合体字的数量也不少。在合体字中，很大一部分是表音字和表意字，但也有一些合体字既非表意字也非意音字，因而难以利用部首法进行教学。这时，就可以利用部件法对这些特殊的合体字进行教学。也就是说，部件法主要用于对缺乏理据的合体汉字进行教学。

在对外汉语汉字教学中运用部件法时，以下三方面要特别予以注意。

第一，要尽可能选择有较强的构字能力、能够进行解说的成字部件，如"木""人""女""王"等。

第二，要先教授笔画较为简单的成字部件，再由其组成合体字。比如，先教"弓"和"长"这两个部件，再由其构成合体字"张"。

第三，要教给对外汉语学生如何将一个复杂的汉字拆分成熟悉的部件字。比如，将"谢"字拆分为"言""身"和"寸"。

（七）字义法

字义法，就是利用汉字的字义进行汉字教学的方法。在对外汉语汉字教学中运用字义法，又可以细分为以下两种形式。

1. 利用语义场系联法进行对外汉语汉字教学

利用语义场系联法进行对外汉语汉字教学，就是在进行对外汉语汉字教学时将意义上有关联的字放在一起，以引导对外汉语学生通过意义的关联进行联想来掌握更多的汉字。

常用的语义场系联情况有同义系联（如宽与阔、爸与父、江与河等）、反义系联（如难与易、胖与瘦、白与黑等）、同类联想系联（如猫与狗、红与黄、盘与碗等）。

2. 利用语境系联法进行对外汉语汉字教学

利用语境系联法进行对外汉语汉字教学，就是在进行对外汉语汉字教学时通过词语、句子、短文对汉字进行系联。比如，通过儿歌中的《家族歌》引导对外汉语学生学习亲属称谓字。

（八）对比法

在现代汉语中，形近字、音近字和同音字占有一定的比例。而对外汉语学生在对这三种类型的汉字进行学习时，很容易出现认读和书写偏误。要对这种情况进行有效解决，就必须借助于对比法进行对外汉语汉字教学，以促使对外汉语学生更容易对这些类型的汉字进行认知与辨别。

1. 运用对比法进行形近字教学

汉字只有几个基本笔画，但这些笔画可以进行任意组合，且在书写的长度等方面有一定差异。因此，只要对笔画进行稍稍变化，就会形成一个不同的字，如"己与已""田与电""干与千"等。另外，笔画的增加或减少也会导致形近字的产生，如"大与太""白与自""学与字"等。

对于这些形近字，在进行对外汉语汉字教学时一定要注意归纳、对比与分析，并注意对它们的差别进行强调，以便对外汉语学生能够对它们进行有效区分。

2. 运用对比法进行音近字、同音字教学

前面已经提到，音近字、同音字是对外汉语汉字教学的一个难点。而利用对比法对其进行教学，能够使对外汉语学生更为准确地掌握这些音同而义不同的字，并加深对汉字声旁表音作用的认识。

二、对外汉语汉字教学的技巧

在进行对外汉语汉字教学时，运用一定的技巧不仅能有效调动对外汉语学生的汉字学习积极性，使课堂更为活跃，也能使对外汉语学生更为容易地掌握所学的汉字知识。在这里，将具体阐述一下汉字知识教学的技巧、认读汉字教学的技巧、写字教学的技巧和记忆汉字教学的技巧。

（一）汉字知识教学的技巧

进行对外汉语汉字教学，并不是仅仅教授汉字的形体、读音、意义，还需要教授对汉字特点有所反映的规律性知识。而且，进行对外汉字知识教学有助于培养对外汉语学生的汉字自学能力、提高对外汉语汉字教学的效率与质量。在进行对外汉字知识教学时，可具体运用以下两个技巧。

1. 例字显示

通常而言，汉字知识是带有一定规律性的，而且会对专业的文字学理论和文字学术语有所涉及。这对于对外汉语学生来说是比较难理解和接受的，而且汉字知识的教学很容易打击对外汉语学生汉字学习的积极性。为改变这种情况，需要在进行汉字知识教学时运用例字显示这一技巧，即从对外汉语学生已经学过的汉字中列举出体现汉字知识的字例，让其从中发现汉字的规律。这样，对外汉语学生在理解汉字知识时便会变得比较容易。

2. 精讲多练

对对外汉语学生进行汉字知识教学，最根本的目的是提高他们的汉字认知和运用能力。而要使知识转化为能力，多练可以说是最为直接且最为有效的方法。为此，在进行

对外汉字知识教学时，要注意精讲多练，即合理调控讲解和练习的时间分配，尽可能让对外汉语学生有更多的时间和机会进行汉字的书写、记忆和运用的练习。

（二）汉字认读教学的技巧

汉字认读是对外汉语汉字教学的一项重要内容，同时它也是对外汉语学生学习汉语的重要目的之一。因此，在进行对外汉语汉字教学时要重视汉字认读教学。而在进行具体的对外汉字认读教学时，可以采用以下六个技巧。

1. 利用教具认读汉字

在进行对外汉字认读教学时，利用图片、卡片、实物等教具认读汉字是经常会用到的一个技巧。

通过这种对外汉字认读教学的教学技巧，不仅能活跃课堂气氛，提高对外汉语学生汉字学习的兴趣和积极性，而且能帮助对外汉语学生直观地对汉字的特点、意义以及音与意的联系进行了解，进而更为容易、准确地对其进行记忆与运用。

2. 利用板书认读汉字

利用板书认读汉字，就是在进行对外汉字认读教学时，教师在课前或刚上课时，将所需学习的汉字写在黑板上。

运用这一技巧进行对外汉字认读教学，不仅方便、灵活，而且能对教学重点和教学难点进行突出。

3. 利用偏旁归类认读汉字

利用偏旁归类认读汉字，就是在进行对外汉字认读教学时，利用偏旁对形近、同音字进行辨别。借助于这一技巧，能够使对外汉语学生学会在阅读时利用偏旁辨析形近、同音字，以减少它们对自己阅读的影响。

4. 以旧带新认读汉字

以旧带新认读汉字，就是在进行对外汉字认读教学时，通过对外汉语学生已经学过的字来带出将要学习的新字。

在运用这一技巧进行对外汉字认读教学时，要注意依据对外汉语学生的实际水平来设计，同时所列旧字不可过多，以免增加教学内容，减少对外汉语学生学习生字的时间。

5. 利用汉字解释认读汉字

进行汉字解释，就是以汉字的特点为依据，对其形、音、义进行分析与讲解。借助于这一技巧，对外汉语学生可以更好地把握汉字的字形、字音和字义，继而更好地认读汉字。

通常而言，汉字解释又可以细分为三种情况：一是汉字的字形解释，即以字形为依据对汉字进行解释；二是汉字的字音解释，即利用汉字形声字的声符具有部分表音的特点对汉字进行解释；三是汉字的字义解释，即以汉字的表意特点为依据对汉字进行解释。

6. 利用生活情境认读汉字

对于对外汉语学生来说，汉字学习不能仅仅停留在课堂，还要走进社会对汉字进行学习。因此，在进行对外汉字认读教学时，要注意引导对外汉语学生利用生活情境来认读汉字。

（三）汉字写字教学的技巧

在对外汉语汉字教学中，汉字书写教学也是一项非常重要的内容。而在开展对外汉字书写教学时，要想获得最佳成效，可以借助以下四个技巧。

1. 利用板书临摹书写汉字

在对外汉字书写教学中，板书临摹是一种操作方便且效果显著的汉字书写教学技巧。对外汉语教师在利用这一技巧时，要特别注意以下五个方面。

第一，要引导对外汉语学生对自己的书写进行仔细观察。

第二，要保证书写的笔画清晰、字形较大、速度要慢。

第三，要对需强调的笔画和部件进行突出。

第四，要在书写汉字的同时对其进行解释。包括汉字笔画的运笔技巧、结构安排特点等。

第五，要适当让对外汉语学生到黑板上板书，以更加直观、客观地审视他们在书写时是否存在问题。

2. 利用字格抄写书写汉字

这是一种较为机械的对外汉字书写教学技巧，但能够帮助对外汉语学生有效掌握汉字的规范写法和书写技巧。

3. 利用书空说字书写汉字

这种对外汉字书写教学技巧是让对外汉语学生用右手食指在空中写汉字，边写汉字边说汉字的笔画、结构和部件。这一技巧能够对人的多种感觉器官进行有效调动，从而使对外汉语学生更容易地对汉字字形进行记忆。同时，这一技巧能够对对外汉语学生的汉字学习情绪进行调节，使他们减少因大量抄写汉字而产生的消极厌烦情绪。

不过，书空说字毕竟是在空气中书写，难以对汉字书写的规范性进行有效判定，因而这一技巧需要与其他技巧进行结合使用。

4. 利用填空练习书写汉字

这是一种能够对对外汉语学生的汉字掌握情况和汉字书写情况进行有效检查的教学

技巧，最为主要的方式是写出拼音，让对外汉语学生填汉字。

（四）汉字记忆教学的技巧

在对外汉语汉字教学中，最为重要的一个环节便是帮助对外汉语学生记忆汉字，包括汉字的字形、字音、字义方面。对外汉语学生只有真正记住了某一汉字，才能对其进行正确书写和有效运用。因此，对外汉语汉字教学不能忽略汉字记忆教学这一重要的内容。而在进行具体的对外汉字记忆教学时，可以借助于以下三个技巧。

1. 通过游戏记忆汉字

对外汉字记忆教学中，可以利用的游戏主要有字谜游戏、添加笔画变新字游戏、添加部件变新字游戏、拼字扑克游戏、生字开花游戏、组词接龙游戏、字中字游戏等，这里主要分析一下字谜游戏。

字谜可以说是中国传统的益智游戏，利用其进行对外汉字记忆教学，不仅能活跃课堂气氛、增加对外汉语学生对汉字学习的兴趣，而且能使对外汉语学生认知汉字形音义结构的能力得到提高。

2. 通过听写练习记忆汉字

在对外汉语汉字教学中，听写练习常常被用来帮助对外汉语学生来记忆汉字。所谓听写练习，就是让对外汉语学生通过字音回忆字义，继而写出正确的字形。它不仅有利于对外汉语学生将汉字的形音义联系在一起进行记忆，而且有利于教师对对外汉语学生的汉字记忆情况和书写情况进行检查。

3. 通过奇特联想记忆汉字

在现代汉语中，有很多字的字理是难以进行解释或是根本没有字理的。为了让对外汉语学生更容易地记住这些汉字，就可以借助于奇特联想的方式，或是利用同音或音近字的意义联想，或是从字形的特征或是形近字的区别方面联想。举例来说，对于"左"和"右"这两个字，可以引导对外汉语学生将"左"下的"工"与其声母联系起来，把"右"中的"口"联想成"人们总是用右手把食物送入口中"。这样，对外汉语学生既能记住这两个字，也能对这两个字进行准确区分。

总的来说，在对外汉字记忆教学中运用这一技巧，能有效活跃课堂气氛，提高对外汉语学生记忆汉字的兴趣和积极性。同时，在对外汉字记忆教学中运用这一技巧，要特别注意以下四方面。

第一，在联想时既可以与文字学的字源字理相符合，也可以不相符合。

第二，在联想时要注意因人而异。

第三，在联想时要尽可能蕴含一定的情理。

第四，不可滥用这一技巧，以免影响对外汉语学生汉字构形意识的形成。

第七章 基于跨文化适应性的对外汉语文化教学

第一节 跨文化适应性与跨文化交际

在华留学生的文化适应性在他们汉语水平与综合文化素养的提高、跨文化交际能力的增强等方面具有重要的作用。对于在华留学生来说，他们从汉语教学中得到的收获越多，他们的文化适应能力就越强。如果能够在对外汉语文化教学中注重对留学生积极的文化适应能力的培养，将有益于实现汉语教学的目标——提高留学生对汉语的接受、理解和适应能力，提高留学生的跨文化交际能力。

一、跨文化适应性研究

（一）积极的文化适应能力

鉴于文化适应性的重要作用，留学生应该具有积极的文化适应能力。结合文化适应理论与跨文化交际学的相关观点，积极的文化适应能力的内涵涉及以下内容：

留学生在文化适应过程中，能够清晰地认识到目的语文化与自己的母语文化之间的差异，以客观、理性的态度对待由文化差异带来的不同程度的文化冲突，能够灵活运用所习得的知识来缓解进而解决冲突；以保证自身母语文化身份不受损害为前提，留学生可以不断拓展自己的世界观，将目的语文化里的主流文化观念、文化风俗和交际规约适度地纳入自己的"情感—认知—行为"框架，逐渐建构起区别于母语与目的语文化身份的"第三身份"，进而不断提高自己在汉文化环境中的行为能力。阿德勒（Adler）对"多文化的人"（A multicultural Person）所拥有的特点的阐释或可以概括积极文化适应能力所包含的能力层次：第一，在文化心理上具有适调性；第二，处于变化的状态，积极地对待各种跨文化体验；第三，保持不定的自我，拥有灵活多变的文化参考框架。留学生对文化教学的认可度将影响他们的文化适应性，这说明文化教学是培养留学生文化适应性的重要渠道。考虑到文化适应性的重要作用及其与文化教学的关系，我们提出在文化教学中应注重培养留学生的积极的文化适应能力，以提高他们的汉语文化水平，增强他们的跨文化交际能力，实现文化教学的目标。

（二）加强跨文化适应性训练的训练

1. 加强跨文化适应性的心理训练

（1）忍受模糊

新文化环境是一种高度模糊不清的情景，对任何事都要求有一个明确说法的人在这种情景中常会有挫折感。意识到存在大量没有答案的问题是正常的，要锻炼自己的耐心和学会与模糊共处，这对身处异文化中的人来说是极其重要的。

（2）具有耐心

不同的文化具有不同的节奏。在我们的文化中，也许做事要有精确的时间表，在生意方面尤其不能浪费时间。但是在世界其他的一些地方要精确地掌握时间节奏是不现实的，如果把自己的时间观念带入新文化环境中不可避免地会导致挫折和失意。因此要锻炼自己的忍耐力，耐心是珍惜和把握时机的表现。

（3）善于移情

很多人都曾提到移情能力在新文化环境中的重要性。一些人天生就具有领会和反映别人的思想、情感、意图的能力，遗憾的是另一些人却不能。能够从别人的观点理解事情的人是最具吸引力的。尽管做到完全移情是不可能的，但也一定要努力地去倾听和理解别人的观点。

（4）深入感悟

人们在如何看待他们的知识和悟性方面具有很大的不同。一些人认为他们知道的和感悟到的对所有的人都具有价值；另一些人则相信他们的知识和悟性只对他们自己有价值。要清楚科学没有绝对，任何社会科学与行为科学都一样，文化也没有绝对的东西。每一种文化，在一定的范围内是独特的。换句话说，没有任何一种方法可以绝对预测出人们将会采取什么样的措施。一个人越是意识到自己知识的个别性，就越容易与其他人相处。这一点是进行跨文化沟通的任何一个主体都要时刻谨记在心的。

（5）亲和尊重

在任何一种文化中，要想处理好人际关系，就要对不同文化背景的人有亲和心理，表示对别人的尊重是非常重要的。适应新文化的有效途径之一就是尽快提高对这些新文化中人们的亲和心理并从内心深处表达对他们的尊重。

(6) 懂得幽默

人们不论是在本国还是在国外，如果过于紧张就容易出麻烦，特别是那些身处新文化环境中的人，总是会犯一些错误。对自己错误的自嘲或许是抵御失望的有效武器。

(7) 避免"与世隔绝"

遭受文化冲击最严重的人是那些"与世隔绝"的人，他们把自己与异文化隔绝起来，只生活在本国侨居者的圈子中，要么扳起手指计算回国的日期，要么对异文化指指点点。出国的初期也许得到本国侨居者的支持是重要的，但绝不能使他们成为自己与异文化之间的一道"篱笆"。心态对身处异文化环境中的人而言也是很重要的。

(8) 培养冒险精神

很多到国外任职的人都把这一任务看作是接受一项艰苦的考验，而不是当作一件颇具刺激性的尝试或试验。在这一试验中，工作只是其中的一部分，全新的文化环境提供了一个令人兴奋的新世界：许多新地方要去，许多新人要会面，许多新风俗要学习，许多新食物要品尝……所有这些都值得你冒险和尝试。因此具有一定的冒险精神，去体验冒险的乐趣，是主动迎接文化冲击的一种乐观心态，可以缓解紧张情绪。文化冲击来自紧张情绪所导致的焦虑，因此，一定要想法缓解自己的紧张情绪。一些人通过慢跑、打乒乓球或者网球等体育锻炼的方式，另一些人则通过调节生物钟、针灸、放松、按摩、瑜伽、药物来做到这一点。

(9) 直面现实

直面现实是重要的心理品质。因为不能很好地理解当地的文化和语言，你会遇到各种各样的问题，如有一些人因为说不清的原因不能成为好朋友，还有一些人你不喜欢他他也不喜欢你，一些事情你永远也不会理解，诸如此类的问题都可能使你难过和伤心。对这些问题采取现实主义的态度是重要的，只有对问题有了清醒的认识，你才会想办法去解决它们。

(10) 充满信心

任何一个身处异文化环境中的人都会犯错误，都会有挫折感，但不管怎样，只要他怀有良好的愿望和善良的人性，最终总会被当地人所了解。因此，信心虽然很重要，但自傲决不可取，对当地人和当地文化一定要抱着谦虚和学习的态度。如果你能做到这一点，许多知识和友谊的大门都会向你敞开。

2. 加强跨文化适应性的技术训练

技术训练包括文化观念的超越性训练、对对方国家文化的理解训练、语言和非语言训练，以及其他方面有利于跨文化沟通的技术和技巧的训练。这方面的培训一般有三种方式：

一是知识提供方式。包括东道国和地区的文化和相关知识讲座、跨文化理论课等,培训往往通过授课、电影、录像、背景资料阅读等方式进行。时间一般为一周以内。培训强度较低,培训目标是提供有关东道国商业和国家文化的背景信息以及有关公司的经营情况等。

二是情感方式。培训内容一般除了第一种方法还包括文化模拟培训、压力管理培训、文化间的学习训练、强化外语训练等,培训方法往往使用案例分析、角色扮演、主要跨文化情景的模拟等。时间一般为期1～4周不等。培训强度为中等,培训目标为培养有关东道国文化的一般知识和具体知识,减少民族优越感(Ethnocentrism)。

三是沉浸方式。除了以上的内容外,一般培训在东道国进行,与东道国有经验的经理会谈。培训内容包括跨文化能力评估分析、实地练习、文化敏感能力培训等。培训时间一般为1～2个月。培训强度较高,培训目标是达到能与东道国国家文化、商业文化和社会制度和睦相处。

训练又分为办班训练、文化顾问帮助训练和自我训练三种。办班训练以集中为主,聘请文化顾问进行指导和训练。文化顾问帮助训练则是聘请文化顾问,专门进行个别辅导,指导经理人如何跨越不熟悉的文化领域。有许多大的跨国企业运用"文化翻译",帮助新的外派经理和家人解决刚接触不同文化时所遇到的问题。"文化翻译"有助于外派经理顺利过渡到东道国社会,并解释出现的误解,协助外派经理更快地融入东道国的文化与生活。自我训练是外派人员或进入跨文化环境中的人员,在自己进入异质文化环境之前和整个过程中,不断了解目标国家的风土人情、文化、政治、经济等知识,加强外语学习,与那些在目标国家生活过的人交谈、学习,在思想和心理上做好克服文化休克的准备,并以开放的心态接受新的文化,结交那里的人们,同时,也要帮助家人做好准备。

3. 加强跨文化适应性的能力训练

这里着重强调的是要把握跨文化沟通中的规律,有理、有利、有节地应对跨文化沟通中的各种障碍,以成功地进行跨文化的沟通。例如,应对文化休克时,必须把握文化休克发生发展的规律,才能有针对性地采取措施减轻文化休克。文化休克所引起的症状是复杂的,所以通常它是难以于预测和控制的。这里需要指出的是,并不是每一个人都要经历所有症状,而是所有的人都将经历其中的一些症状。从事国际业务的人们在所经历的文化冲击的范围上有很大的不同,有些人的病症非常严重以致他们到达东道国后不久就被遣送回国,有些人则努力把身心的不适调整到最小。奥伯格在研究中总结了文化休克的一些规律,认为文化休克通常要经历以下四个阶段:

(1) 蜜月阶段

当大多数人带着明确的态度开始到国外赴任时这个阶段就开始了。这一阶段的主要特征是欣快。就像度蜜月一样，所有的一切都是新奇的和令人兴奋的。这一阶段会持续几天到几周。

（2）敌意／僵持阶段

蜜月期并不会永远持续，在几周或几月内问题就会出现。在国内认为必定会如此的事情没有出现，大量的小问题却成为不可逾越的障碍，当你突然意识到这是文化差异问题时，失望、烦躁、恐惧会逐渐增大。这是一个充满危机的阶段。正是在这一阶段，上面提到的各种症状会逐渐显现。

（3）恢复／调整阶段

这是一个经历过危机并逐渐恢复的阶段。随着对新文化的逐渐理解，一些文化事件开始变得有意义，行为方式也逐渐变得适应并可预期，语言也不再难以理解，在第二阶段难以应付的生活琐事都能够解决。简言之，一切都变得自然和有条不紊，同时，如果一个人能时不时地对自己的处境进行自嘲，这就是充分恢复和适应的标志。

（4）稳定／适应阶段

这一阶段意味着一个人完全或接近完全地恢复了在两种不同文化中有效工作和生活的能力，几个月前还难以理解的当地风俗现在不但能够理解而且能够欣赏。这并不是简单地说所有文化间的疑难问题全部解决了，而是在异文化中因工作和生活引起的高度焦虑消失了。当然，很多人从来也没有达到这一阶段。对于处于稳定阶段中的人来说，这才真正是确定的、成功的经历。

根据这一发展规律，我们知道完全避免文化休克是不可能的，除非你选择待在家里而不进入到国际商业环境中去。要进行跨文化沟通，最重要的是对自己的动机和感觉有清醒的认识。那些适合到跨文化环境中发展的人一般说来具有以下特点：一是对国际商业问题和机遇具有现实的理解；二是拥有许多重要的应对跨文化问题的技巧；三是认为国际市场能为职业发展和个人进步提供大量机会。这样就可有针对性地积极应对文化休克，达到跨文化的真正适应。

二、跨文化交际研究

跨文化交际的双方可能在文化、政治、价值、伦理方面都有差异。跨文化交际的双方一定要注意这种差异，尊重对方的文化，不能有文化优越感，要了解对方的文化，克服文化差异带来的交际障碍。

（一）中国人交往文化的基本特点

1. 含蓄内敛，中庸平和

中国人做事讲究中庸之道，不喜欢走极端；做事留有余地，把握分寸；讲求"和为贵"，不喜欢争斗。

在交往中，中国人多替别人着想，不愿意因为自己的诉求而给对方增加麻烦，不愿意用咄咄逼人的方式表达自己的观点或达到自己的目的。"与人为善"是一个普遍被人接受的社会风俗，而"己所不欲，勿施于人"更是成了一个行为准则。

"克己复礼"曾经是孔子最高的追求。"克己复礼"就是忍让克制，使自己的行为符合社会最高的道德要求，不要因为争斗而妨碍自身的修养，破坏社会的安宁。

"上善若水，水善利万物而不争"，意思是说，应该像水那样，对万物有利，但不跟万物争斗。老子认为，一个人的德行如果能做到像水一样，就不会产生什么麻烦、过错，就能顺利、安然。

但是，中国人的这种中庸平和的交往方式常被西方人认为是缺乏主见。这种表现为一团和气的社会风俗虽带来了社会的和谐、安宁，但同时也抑制了竞争和发展，抑制了对真理的追求，使社会不良现象不能被有效地遏止。而西方人在交往中更愿意旗帜鲜明地表达自己的意见，不会过多地考虑表达或行为的方式是否会破坏和谐安定的气氛。其实，这两种交往方式各有各的特点，无高下之分。

2. 明确角色，承担责任

中国社会强调个人要明确在社会交往中的角色，要勇于承担社会责任。表现在社会交往上，就是人们要清楚上下、长幼、宾主、男女、内外的界限，清楚自己在社会活动中的角色和身份。而人们在社会活动中的角色和身份又决定了一个人的行为方式和手段，具体到交际双方座位的位置、发言的顺序，都要合乎一定的规范，否则就会显得失礼。

（二）几种中外交往风俗的具体对比

1. 称呼

在称呼方面中外是有区别的。中国人对上司、师长、年长者、客人忌讳直呼其名而要用称呼表现出对他们足够的尊重，如前辈、元老、令尊、老总、阁下；但朋友之间比较随便，可以直呼其名。在国外，博士、教授等也同样表达了对被称呼者的尊重，直呼其名在交往中也比较随便。不同的是，中国人贬己扬人的称呼风俗在其他文化中是少见的，如称自己为"老朽"，称呼家人为"贱内、小儿"，而称别人的家人为"令尊、太太、公子"。

2. 寒暄

中国人在与人交往时讲求亲密无间、不分你我。寒暄的内容和深度在其他一些文化中便显得过于亲热。例如，西方人普遍把年龄、收入、住址、婚姻、政治倾向看作个人的私事，不需要别人干涉和了解。英国人甚至忌讳别人过问他们的活动去向。

3. 访问

一般来说，中国人的访问比较随意、自由。亲戚朋友间的访问不需要特别的安排，突然造访对主人并不是冒犯，"是哪阵风把你吹来了"是普遍的访问方式。但在其他一些文化中，这种不请自来的访问方式是不礼貌的。事先约定并按时到达在很多文化中是交往的基本礼仪，是礼貌的标志；我们那种串门式的访问在对外交往中要注意克服。

4. 宴请

中国人往往通过宴请来表达对客人的友好。因此，宴请常常会安排在高档饭店，吃很好、很贵的菜；其他一些国家的人则认为这样过于隆重，根本没有必要这样铺张浪费。吃饭时有些人喜欢劝对方喝酒，双方喝醉了才显示出友情深厚；这在其他一些文化中则显得粗鲁和不礼貌。

5. 迎送

送别时把客人送得很远，有时甚至含泪告别，这些很能体现中国人的真诚；带官方色彩的欢迎欢送，有些会挂着、打着条幅，上边写着欢迎辞、欢送辞，甚至夹道迎送，这些都反映出中国人对客人的热情。但是，并非所有文化都接受和采用这种方式。在很多文化里，靠在门边，甚至坐在椅子上说再见并不表示主人缺乏诚意。中国人表面的热烈隆重，和其他一些文化中表面的平静，在实质上并没有太大的区别。

6. 送礼

送礼几乎是所有文化中表示友好的方式，但送礼和受礼的方式有所不同。法国人认为到别人家里做客时给女主人送上鲜花（不要送玫瑰花或菊花）或巧克力之类的小礼品是受欢迎的。能激起人们思维和美感的礼物特别受欢迎，但不要送印有你公司名称的礼品，因为这好像是在为公司做广告；也忌讳男人向女人赠送香水。

（三）非言语交际

一般说的非言语交际包含手势、姿态、服饰、眼神、表情、体距、触摸和音量。

1. 手势

不同的手势在不同文化中有不同的含义。中国人认为手心向上招呼人是不礼貌的，如同召唤小狗或挑衅，但在其他一些文化中手心向上招呼人并没有这个意思。握手是世界上普遍的示好方式，但泰国的乡村人对此就相当反感。英国人忌讳4人交叉式握手，据说这样的交叉握手会招来不幸。这可能是因为4个人的手臂交叉正好形成一个十字架的原因。

美国人与客人见面时，一般都以握手为礼。他们的习惯是，手要握得紧，眼要正视对方，微弓身，这样才算是礼貌的举止。美国人在社交场合与客人握手时，还有这样一些习惯和规矩：如果两人是异性，要待女性先伸出手后，男性再伸手相握；如果是同性，通常是年长之人先伸手给年轻人，地位高的伸手给地位低的，主人伸手给客人。

2. 姿态

身体姿态也有很强的文化色彩。例如，英国人忌讳有人用手捂着嘴看着他们笑，认为这是嘲笑人的举止。又如，美国人忌讳有人在自己面前挖耳朵、抠鼻孔、打喷嚏、伸懒腰、咳嗽等，认为这些都是不文明的，是缺乏教养的行为；若喷嚏、咳嗽实在不能控制，则应头部避开客人再用手帕掩嘴，尽量少发出声响，并要及时向在场人表示歉意。在接受别人的馈赠或服务（如点烟）时，中国人通常要起身致谢，而西方人一般都坐着不动。同样，东方国家普遍表示尊敬的鞠躬也并不是所有文化的通例。

3. 服饰

服饰在社交中有很重要的作用。客观地说，现代中国人对服饰在社会交往中的作用认识不足，不少人胡乱穿衣，身着T恤、牛仔裤出席盛宴（典礼、音乐会等）的情形时有发生，这在许多文化中都是失礼的。在有的国家，社交服饰是非常考究的，人们在不同的场合需要穿着不同的服饰。

4. 眼神

眼睛是心灵的窗户，可以表现心中所想。在交往中，眼神也是很重要的交际因素，如美国人对握手时目视他方的举动很反感，认为这是傲慢和不礼貌的表现。西方人习惯于用眼神交流。例如，说话或倾听时应该看着对方的眼睛，这意味着尊重和礼貌。对于比较含蓄的东方人来说，要做到这一点是比较困难的，如果我们长时间盯着一个人，那么此人反而会有些不自在。例如，有一位中国女子，虽然在美国生活了多年，但还是没有学会像美国人一样使用眼神。在一个会议上，她感到长时间与发言的男士保持眼神交流有些不自在，就将目光移开，只是有时看看对方的眼睛并以点头来表示对他的赞同。她的朋友发现了，在事后表达了不满，称她的行为是无礼的，甚至怀疑她根本没有在听。她感到十分委屈，同时更意识到眼神交流在美国人眼中的重要性：说话时不看着对方眼睛除了被认为是无礼外，还会被认为是要有意躲避什么。找工作面试时，看着对方的眼睛更为重要，不然会给对方留下一个不诚实或心不在焉的感觉。

5. 表情

中国人含蓄、内敛，表情远没有西方人丰富，似乎更接受喜怒不形于色的含蓄方式。在我们的文化中，能控制自己的情感，展现给别人一个平静的表情是有修养和坚毅的体现。

《世说新语·雅量》中有一个故事，说的是关系东晋王朝生死存亡的淝水之战。前秦苻坚大兵压境，东晋谢安以征讨大都督身份负责军事，战事最紧急的时候他平静地与别人下棋，当侄儿谢玄大败敌军的喜讯传来，他却好像没发生什么似的，神态安详，仪态从容，可见他控制感情的能力极强。这种文化至今影响中国，因此在交往中我们不会像西方人那样把所有的情感完全表达出来，更不会夸张地表达。面对这种差异，我们要相互理解。含蓄不是无情，不是冷漠，因为中国文化推崇忍耐，把爱和恨都藏在心里；完全让内心感情表达出来不是幼稚，也不是软弱，因为西方文化鼓励直接表达自己的情感。

6. 体距

人和人的身体距离多远才会让双方感到舒适，每个民族的标准是不同的。"私人空间"的原理告诉我们，当人被过分接近时，会产生不快及焦躁感。"私人空间"变得狭小不足时，会产生压迫感，从而使人不能冷静、客观地做判断，甚至会对侵犯者采取攻击态度。我们要了解和体会不同民族"私人空间"的界线。例如，西方人同别人谈话时，不喜欢距离过近，一般以保持在 50 厘米以上为宜；而阿拉伯人交谈时的距离就近得多。超过或没有达到合适的身体距离都会让人感到不舒服。西方人心理上的"私人空间"范围比中国人大，距离也远一些。中国人的文化心理状态使我们将自身空间范围仅局限于身体的本身，范围较西方人小，距离也较西方人近一些。

7. 音量

人在不同的交际场合，与不同的交际对象交谈时，音量是不一样的。而不同的音量在某种程度上表现出了说话人的修养和态度。在跨文化交际中，人们对交往对象的语音十分重视。在语音方面的基本礼仪规范是：与别人进行交谈时，尤其是在大庭广众下与别人进行交谈时，必须有意识地压低自己说话时的音量并轻柔些，只要交谈对象可以听清楚即可。如果粗声大气，不仅妨碍他人，而且也说明自己缺乏教养。

每种文化都有自己的交际模式，有约定俗成的习惯，对此我们要有清楚的认识。我们不能以一个民族的文化生活风俗和道德标准去衡量另一个民族的同一行为现象。对于历史文化现象，只要是这个民族习惯的、接受了的东西，我们就应该将其看作一种正常现象。

第二节 价值观与文化

一、价值意识与文化发生

人类总是怀着对自己身世的不可遏抑的好奇和强烈兴趣，总是执着地探究人类的起源和文化的发生等问题，总是要"寻根"、要"溯源"、要刨根问底，这是人类永恒的本体论思维倾向。文化学、文化人类学、历史学、考古学等学科都力求对文化的原始发生的事实做详尽的实证考察和微观研究，试图揭开人类文化原始发生之谜。对人类文化原始发生的讨论，除了凭借现有的各种各样的资料，还必须借助哲学理性的分析和思考。文化哲学对原始文化发生的研究，注重对文化研究成果的总体把握，注重对文化原始发生的前提条件的反思。通过对文化发生各种条件的反思，我们可以深刻地认识精神、意识在文化发生过程中的地位和作用。所以，本部分考察的落脚点是价值意识与文化发生。

（一）文化发生说简要考察

文化是属人的，人类诞生以前，只有纯粹的自然，无所谓文化。从逻辑上讲，总是先有人而后才有人类文化，但实际上，人和人类文化的发生是同一个过程。人形成的过程，就是文化发生和创造的过程，同时也是人被自己所创造的文化不断塑造和推动的过程。这种本体论意义上的文化发生，即文化的原始发生。文化的原始发生隐含着两个相关的问题：其一，现实的人类文化是从其原始发生形态逐步演化而来的；其二，文化发生本身就是人类起源的应有义项，研究人类的起源不能离开文化，同样，研究文化的发生也不能离开人类的起源。

（二）文化发生的前提条件

1. 物质前提

文化的发生需要有一定的物质条件和精神条件作为前提。首先是物质前提，物质前提最基本的：一是自然地理环境；二是成熟的人种。

自然地理环境是人类生存的前提，而且，越是往前追溯，人类与自然的联系越是紧密。在人类文化的初创阶段，自然地理环境的影响应该更为巨大，因此，自然地理环境就成为文化发生和文化创造的逻辑起点。马克思、恩格斯指出，我们必须深入研究人们所处的各种自然条件——地质条件、山岳水文地理条件、气候条件以及其他条件，这些条件不仅决定着人们最初的、自然形成的肉体组织，特别是他们之间的种族差别，而且直到如今还决定着肉体组织的整个进一步发展或不发展，所以，任何历史记载都应当从这些自然基础以及它们在历史进程中由于人们的活动而发生的变更出发。

自然地理环境在人类文化发生中的地位和作用，有以下四个方面是不容忽视的。其一，自然赋予人生命。人类维持其生命，必须依靠水和食物，其中水是最根本的，有了水也就有了动植物等食物来源。所以，人类及其文化的发生不可能在荒漠、高原等缺乏淡水资源的地方，而总是依托淡水资源丰富的大江大河流域附近。迄今发现的多数古代文明，如尼罗河流域的古代埃及，两河流域的古代巴比伦，印度河、恒河流域的古代印度，黄河流域和长江流域的古代中国，无不如此。当然，这些已经是比较成熟的文明，但这些文明毕竟是漫长的人类进化过程中人类不断选择的结果，在这一过程中，人类对地理环境的选择经历了由不自觉到自觉的过程。其二，自然地理环境制约着人类最初的生存方式、生产方式、社会分工和社会交往，从而决定了文化的地域性特征，为形成不同类型的文化奠定了基础。不同的气候、水源、土壤、动植物资源、矿物资源、海陆位置等自然地理要素，决定着原始初民如何获取劳动资料（工具），如何加工劳动对象，如何组织生产和进行交换，等等，于是，也就为农耕、游牧、渔猎等不同文化类型的形成奠定了不同的物质基础。其三，自然地理环境不仅制约着种族和民族的形成与发展，而且制约着原始初民的文化创造能力，并影响着他们的民族心理、民族性格和民族气质。其四，我们应该懂得，自然地理环境对人的作用必须通过人这一能动的主体、必须在人与自然做物质能量交换的主客体双重构建中实现。另外，自然地理环境对人和人类文化的影响，是通过一定的中间环节实现的，这个中间环节就是人类应对和挑战自然界的一系列实践活动。不懂得这些道理，就滑向了单纯的地理环境决定论。

成熟的人种和自然地理环境不能截然分开，我们不能设想离开具体的自然地理环境的人种。之所以把自然地理环境放在文化发生条件的优先地位，是因为人从根本上讲首先是自然的产物，是自然界物质演化的结果。从动物到人的转变是一个漫长而复杂的历史过程。在人的进化过程中，有三个关键的节点：一是直立行走，使"人"的眼界开阔起来，促进了猿脑向人脑的发展，而用上肢拿取东西，使其得到锻炼，解放出来成为手，也促使大脑得到进一步发展；二是学会使用和制造简单的工具，以弥补手的功能和力量的局限，而使用和制造工具，不仅使手更加灵活，而且进一步促进了脑的机能；三是交往过程中语言的逐步产生和发展，使大脑获得了思维的物质外壳，促进了思维的产生。那么，促使类人猿转变成人的关键因素究竟是什么？马克思主义主张是劳动，劳动创造了人、创造了人类文化。劳动使人的手、眼、口、耳等器官进一步特殊化，发展了语言，锻炼了思维。但是，或许仅仅是生物的自然进化，还不足以解释人类的产生，人们可以不断地向地质的演化、气候的变迁、环境的灾变等其他自然因素求解。或许，人类的祖先正是在亿万年的进化过程中，不断地应对地质、气候、环境的各种挑战，才逐渐形成适应自然、认识和改造自然、创造文化的能力，从而一步步成为真正的人。可是类似这样的许多猜测、推断又如何去证实呢？也许无法证实，人类和人类文化的发生将成为永恒的谜题。对这个谜题的猜测可能永远只是猜测，或者是越来越接近事实的更加合理的猜测。但是，人类不仅活在当下，还活在过去和将来。迫切地想了解自己的"身世"，想破解人类及其文化的起源这个诱人而难解的谜题，似乎是人类不变的天性。于是，人类总是不断地就这个谜题去"假设—求证—做出新的假设—再求证"，如此不断地循环往复，并从这样的循环往复中获得慰藉和力量。

2. 精神前提

人类文化的发生除了物质前提，还必须具备一定的精神前提，即人类的意识和思维。而这似乎是一个更为难解的谜题。其实，人能够从自然界中提升出来，最根本的标志不是具备了人的形体，而是具备了与动物截然不同的反应形式——意识和思维。意识和思维不是凭空产生的，它首先需要其物质器官——大脑的成熟。大脑是意识和思维产生的物质前提，高级类人猿的大脑已经具备了高于其他动物的反应特性。物质普遍具有的反应特性，是人类认识发生的基本的自然史前提，物质反应特性的长期进化，在人类的直接祖先——高级类人猿身上达到了相当高的程度，形成了高级猿类的智能活动。

促使人类意识和思维产生的关键因素已经不是纯粹的生物过程，而只能是形成中的人的实践活动了。当然，这些活动不是某种既成的活动形式，而是发展演化中的活动。在这个过程中，原始人身体结构的变化、大脑的发展、语言的生成等共同促进了意识和思维的产生。意识和思维的产生为人类文化的创造提供了关键条件。

（三）价值意识与文化发生

以上对文化原始发生条件的考察，只是一般地说明了人类文化产生的条件，诸如自然地理条件、成熟的人种、意识和思维的产生等物质条件和精神条件。但是，人类的产生和文化的发生是一个相当漫长的历史过程，我们不可能完整地再现这一过程。考古学、历史学、人类学等在这方面提供的资料毕竟是有限的；而历史文献的记载不仅有限，而且也并非完全可靠；现存的原始民族尽管可以作为活化石，但他们毕竟经历了和现代文明民族几乎同样古老的历史，而且经过了长期复杂的演化，和真正意义上的古代民族已经有很大的区别。还有，某种从其原始发生就一脉相承传承至今的民族文化事实上是非常罕见的，因为人类文化在其发展的过程中总是有生有灭、有交流有整合、有新旧之更替。所以，我们现在面对的绝大多数文化都是在已有文化基础上形成的更高形态的文化，和原始发生形态的文化已截然不同。

实际上，上述所论及的文化的原始发生只是文化发生的一个方面，也是我们所说的通常意义上的文化发生。文化发生应在两种意义上来加以探讨：一是与人类起源相联系的原始文化发生；二是在已有文化基础上的更高形态的文化发生。在这两种意义上对文化发生进行的探讨才是完整的。

人类最初的意识本质上就是一种价值意识，或者说原始思维和意识就蕴涵着人类的价值意识和价值倾向。能够意识到"自我"的存在，能够区别"自我"和"他者"，对人类而言是一个极其漫长的历史过程，这个过程就是人类意识的种系发生过程，这个过程与人类文化的原始发生也是同一个过程。由于人类进化史久远，人类对这一过程不可能做出详尽、精确的研究，许多研究只能算是一些假说或猜测。从逻辑上讲，原始人的意识和思维当然没有现代人这样发达，他们的意识和思维能力还处于初级阶段，是原始的意识和思维。原始意识和思维一步步发展，经过漫长的历史进化，才有了今天我们通常意义上所讲的人类思维。但即便如此，价值意识或价值倾向仍然是人类意识或思维的应有之义。人类始祖向人进化的过程，是"人化"的过程，是文化创造和文化"化人"的统一。他们首先逐步意识到自身与自然界的差别，并通过对自然界的原始改造来满足自身的需要，使自然物成为对人而言有用、有益的存在。这本质上源于人的价值意识的驱动，这种意识是劳动造就的，是残酷的生存竞争造就的。人的价值意识与动物的生存意向明显不同。动物的生存意向是一种本能的反应，是自然造就的，只能在本能水平上存在。而人的特殊性在于，其生存意识超出了本能的范围，人不单单要适应自然，更重要的是要改造自然，让人与自然和谐共生。这就是价值创造，这种"为我而创造"的意识就是最初的价值意识和价值观念。没有价值意识和价值观念的参与，人类就不可能进行文化创造，文化也就不可能发生。

二、价值观和道德标准

价值观包含着对人的内在价值和外在价值的观点，包含着对怎样做人、怎样实现个人价值的看法。怎样做人，实质上就是怎样对待自己，以及怎样对待与自己构成相互作用的其他三组基本关系。这三组关系是：人与他人的关系、人与民族和国家的关系、人与自然环境的关系。一个人的人生价值正是通过对待自我以及与他人、民族、国家和自然的关系而实现的。文化最根本的差异实际上就是价值观的差异，价值观的差异更深刻地反映了一个民族与其他民族的交往风俗的差异，更深刻地反映了一个民族对人生、社会、宇宙的看法。当今世界上的许多冲突说到底就是价值观的差异造成的。我们不否认人类存在共同的价值观，但同样也要承认各民族的价值观存在很大的不同，我们不能把自己的价值观强加给其他民族。

由于受文化的影响，人们一般都会本能地把自己的价值观当成合理和正确的，而把与自己不同的价值观当成怪异的，这很容易影响到我们的跨文化交际，要注意克服。

三、历时文化和共时文化

在中国文化教学时要特别注意历时文化和共时文化的区别。历时文化是"从纵的方面考察某一文化或文化现象的起源、发展、演变，以及阶段性和规律性"；共时文化是"从横的方面考察某一文化或文化现象在某一历史阶段的表象和特征"。"跟第二语言教学密切结合的，主要是当代共时文化。原因是，语言教学的主要目的是使学生用目的语进行有效的交际。脱离当代共时文化的教学对实现这一目的没有多少帮助。"

第三节 对外汉语教学中的文化教学

一、文化教学的内容

汉语教学中的文化教学包括两方面的内容：一是对外汉语教学，即语言课中的文化教学；二是文化课教学。语言课的文化教学和文化课的文化教学这两门课性质不同，所承担的任务也不同。一般来说，我们应该对初级水平的学生实施语言课中的文化教学，而对中、高级水平的学生实施文化课教学。

语言课，属于第二语言教学范畴，其主要任务是通过听、说、读、写等技能和语言运用能力的训练来培养交际能力。交际能力的培养需要借助一定的语言材料，而语言学习材料必然包含思想文化内容，通过对这些内容的学习，学生就能对这些语言材料包含的文化内容有所了解；但语言课的中心不是文化教学，当然也无法系统地学习文化知识。

文化课的主要任务是系统学习文化知识，这是为中、高年级和汉语言本科学生开设的专门课程。这一课程可以包括两大内容。第一，中国文化与中国国情。《国际汉语教师标准》要求，"教师能了解和掌握中国文化和中国国情方面的基本知识，并将相关知识应用于教学实践，激发学习者对中国文化的兴趣，使其在学习汉语的同时，了解中国文化的丰富内涵和中国的基本国情"。第二，中外文化。语言和文化有着密切的关系，但并不等同，它们有各自的特点。在语言教学中要注意文化教学，但不要把什么都和文化联系起来。我们要特别留意的是那些在跨文化交际中因文化差异而造成的交际障碍和语言现象，更要注意语言教学中的文化现象和文化差异。不管是语言教学还是文化教学，教师都要对中国文化有一个比较清晰的认识，一个对自己的文化缺乏了解的人是很难得到别人尊重的，而对别国文化历史有了解的人就更容易向别人介绍自己的文化。教师要有比较广博的知识面，如社会基本知识、科学常识、世界历史地理、时事政治、时尚名人等，至少要对你所教的学习者所在的国家有一个基本的了解，不要犯常识性的错误。另外，教师不要厚此薄彼，不要有偏见。在国外的人对自己的国家民族一般都比较维护，因此教师不要做伤害学生民族自尊心的事情。虽然各国的文化有所不同，但没有高低贵贱之分。

二、向学生介绍中国文化的基本知识

（一）中国历史介绍

在语言学习中介绍中国历史与中国历史课不一样，我们并不需要学生去记忆我们的历史年表，也不需要学生去接受我们的历史观，但是我们可以在语言学习中穿插历史。中国是历史悠久的文明古国，历史故事、寓言、传说数不胜数，其中有非常多的材料适合进行语言教学。

介绍历史最好从学生已知的知识开始，如由象棋上的楚河汉界联系到楚汉相争。一个简单的楚汉相争的故事里就有很多可以说的材料。初级的学生可以听简单的故事介绍、复述、复写故事；中、高级的学生可以在这个故事里学到诸如"四面楚歌""鸿门宴""项庄舞剑，意在沛公""约法三章""韩信点兵，多多益善""成也萧何，败也萧何"等汉语熟语，如果再联系到电影《霸王别姬》，就更加自然有趣，能引得学生感慨唏嘘。更进一步，可以给学生讲李清照的诗："生当作人杰，死亦为鬼雄。至今思项羽，不肯过江东。"并把故事引申到对更深的历史、文学知识的介绍。日本、韩国的许多学生对这些历史都有一定的了解，如"阿房宫"，大多数韩国学生都可以说出来。

介绍历史要有趣味性，如萧何月下追韩信的真诚、刘邦"吾翁即若翁"的泼皮形象、鸿门宴的惊险、乌江边的悲壮。历史知识介绍要针对不同学生采用不同材料。日韩学生大多对《三国演义》《西游记》有一定的了解，有的还了解得很多，如故事中关公的忠义英勇、诸葛亮的智慧等学生很容易接受，我们要很好地利用。这样，在进行语言教学的时候就能使学生在不知不觉中接受和了解了中国文化、中国历史。

西方学生对中国历史的了解相较日韩学生就要逊色一些，因此可以多用现实一点的事例。例如，介绍改革开放给中国带来的巨大进步时，可以通过中国人民在艰苦条件下援助非洲建设（如坦赞铁路）来说明中国人民的慷慨、真诚。要利用一些中性的通知观念，如在西方社会有一定影响的学者有关中国传统文化的论述来介绍中国文化，比较著名的有林语堂的《中国人》等。要持客观、公正的态度向学生介绍灿烂的中华文化，介绍中国人民仁慈、和平、谦逊、友善、忠诚、智能、有气节、尊老爱幼、舍生取义等美德，介绍时一定要注意，不要进行政治宣传，而用事实本身说话。要综合利用古代文献、历史故事、现实情况等，教师要对这些历史故事有比较清楚的了解，才能针对不同程度的学生选取不同难度的材料，以适应不同阶段的教学。

（二）中国地理介绍

地理可能是最现实和最有用的中国情况介绍了，学生一般比较感兴趣。掌握好地理知识对了解中国文化很有帮助。因此，教师要利用学生的兴趣来介绍中国地理知识并由此介绍相关的中国文化知识。例如，在进行地名介绍，通过"为什么叫'湖南''湖北'"山东'"山西'""什么湖的'南'"北'""什么山的'东'"西'"等问题，教学生学"东西南北"，学"东南、东北、西南、西北"，学各省的名字，学省会的名字。介绍各地的基本地理特点，是"干燥"还是"潮湿"、是"高原"还是"平原"时，可以介绍那里的语言、民族、饮食、经济。可以利用可能的机会介绍中国的地理知识，如在一些学生来中国旅游之后，或在假期前向学生介绍旅游的地方。

（三）中国民俗介绍

中国人口众多，地域辽阔，各地、各民族风俗千差万别，要充分利用大量鲜活有趣的材料进行教学。一般来说，可以从节庆、饮食、婚丧、语言、艺术等多个方面来介绍民俗。要注意的是，民俗的介绍不是为介绍而介绍，而是要为语言学习服务，不能脱离学习者的语言水平。

如介绍黄河旧时的牛皮筏子时就把"吹牛皮"这个惯用语给介绍了；讲旧时结婚的吹吹打打时就把"吹喇叭，抬轿子"给介绍了。总之，要把民俗介绍和语言学习结合起来，如介绍山西人爱吃醋可以把"吃醋"带出来，介绍饮食也可以把"吃香喝辣"的意思向学生说明一番。总之，"要能根据教学环境、教学目的、学习者的背景、语言水平选择民俗文化材料，并以恰当的教学方式与教学手段介绍和讲授"。结合语言教学的民俗介绍在中、高级的教学中有很大的发挥空间，民间俗语、惯用语也大量反映了各种民俗。

三、介绍中国和中国文化的基本态度

（一）反对民族虚无主义，反对文化沙文主义

对自己的文化要有深入的理解，要客观、真实、公正。鲁迅先生、柏杨先生对中国文化中的丑陋现象的批判可以作为我们客观、公正评价中国文化的材料。教师应该给学生一个客观的形象，要敢于批评中国文化中的糟粕，对于中国存在的不足要勇于承认，因为每个社会都会有这样那样的不足，不必忌讳，但原则问题要旗帜鲜明。教师的客观能培养学生的信任感，信任的关系对教学是有利的。

（二）注意文化教学内容的现实性和可接受性

教师要注意向学生展示中国现实的文化风貌，不要把明显落后于时代的文化内容当成中国文化的特点来介绍，同时要避免空洞的说教，要注意寻求中国文化中那些包含人类共同感情的东西，不要把我们的文化（包括政治观、价值观、道德观）强加在学生身上。我们也不愿意接受我们不能接受的文化。教师一定要有一个宽容的文化观，因为中华民族的特点是兼容并蓄，博取各国所长。中华民族在历史上就接受了大量的外来文化，唐朝的开放气度使它成为当时世界上最先进的国家。

第四节　中国文化精神内涵

一、中国文化精神的特点

关于中国传统文化的基本精神与特色，学界见仁见智。中国文化精神与民族性格主要是由传统思想奠定和陶冶的，中国传统人文精神源于"五经"。周公把其转移到了人生实务，主要是政治运用上；孔子进而完成了一种重人文的学术思想体系，并把周公的那套政治和教育思想颠倒过来，根据理想的教育来建立理想的政治。经周、孔的改造，"五经"成为中国政（政治）教（教育）之本。经学精神偏重于人文实务，同时保留了古代相传的信仰之最高一层。中国人文精神是人与人、族与族、文与文相接相处的精神，是"天下一家"的崇高文化理想。中国文化是"一本相生"的，其全部体系有一个主要的中心，即以人为本位、以人文为中心。中国文化精神，要言之，只是一种人文主义的道德精神。

中国注重教育的传统精神源于"五经"。中国古人看重由学来造成人，更看重由人来造成学。中国人研究经学，最高的向往是学周公与孔子的为人，使人格达到最高的修养境界。中国古代文化及其精神是靠教育薪火相传、继往开来的。中华民族尊师重道的传统由来已久，孔子就把教育推广到民间，扎根于民间，开创了私家自由讲学的事业，奠定了人文教育的规模和基础。

中国传统注重融和合一的精神源于"五经"。中国古人的文化观是以人文为体，以化成天下为用。"五经"中的"天下观"，是民族与文化不断融凝、扩大、更新的观念。中国文化的包容性、同化力，表明中国人的文化观念终究是极为宏阔而具有世界性的，即文化观念深于民族观念，文化界限深于民族界限。中国文化与中国人性格中的"和合性"大于"分别性"，主张宽容、平和、兼收并蓄、吸纳众流，主张会通、综合、整体，这些基本上都是传统思想所提倡和坚持的价值。

在先秦思想史上，开诸子之先河的是孔子，他的历史贡献，不仅在于具体思想方面的建树，更重要的在于他总体上的建树。孔子既是王官之学的继承者，又是诸子平民之学的创立者，更是承前启后开一代风气的人物。正是这一特殊的历史地位，决定了孔子在先秦诸子学说中的重要地位。整体说来，诸子之学标志着春秋以来平民阶级意识的觉醒，是学术下移民间的产物。

平民学者的趋势只是顺应这一古代文化大潮流而演进，中国文化精神的六大特点：

第一，和而不同，厚德载物。中国文化重视人与自然之间，各族群与民族之间，人与人之间的和谐统一的关系。所谓"天人合一"，是经过区分天人、物我之后，重新肯定的人与自然的统一，强调的是顺应自然而不是片面征服自然。在观念上形成了"协和万邦""天下一家"的文化理想，既重视各民族及其文化的独特性，又重视和合性、统一性。在人与人的关系问题上，善于化解、超越分别和对立，主张仁爱、"和为贵"与协调性，有民胞物与的理想，厚德载物、兼容并蓄、爱好和平，反对以力服人，主张"远人不服，则修文德以来之"。

第二，刚健自强，生生不息。中国文化凸显了积极有为、自强不息的精神，强调"苟日新，日日新，又日新"，革故鼎新、创造进取。所谓"发愤忘食，乐以忘忧""天行健，君子以自强不息"，就是指人要向天地学习，以刚毅的精神，生生不息，奋斗不止，绝不懈怠。中国人因此创造了世界上独特的文明，而且是世界上唯一未中断的文明。中国无数的仁人志士奋发前行，不屈服于恶劣的环境、势力的凌辱压迫，使刚健坚毅的精神代代相传。

第三，仁义至上，人格独立。我们以仁义为最高价值，崇尚君子人格，肯定"三军可夺帅也，匹夫不可夺志也""富贵不能淫，贫贱不能移，威武不能屈"的大丈夫精神，弘扬至大至刚的正气、舍我其谁的抱负，乃至"不识一个字，亦须还我堂堂地做个人"，强调人人都有内在的价值与不随波逐流的独立意志，及"知其不可而为之"的气概，守正不阿、气节凛然，甚至杀身成仁、舍生取义。

第四，民为邦本，本固邦宁。中国文化强调"天视自我民视，天听自我民听""民之所欲，天必从之""人无于水监，当于民监""民为贵，社稷次之，君为轻"。民本主义肯定人民是主体；人君之居位，必须得到人民的同意；保民、养民是人君的最大职责。

第五，整体把握，辩证思维。中国古代不缺乏抽象思维，有明确的概念、范畴，包含了抽象过程。中国思维有两大特征：一是整体观，二是阴阳观；整体观从整体上把握世界或对象的全体及内在诸因素的联系性、系统性，反对头痛医头、脚痛医脚；阴阳观重视事物内在矛盾中阴阳的对立与平衡。

第六，经世务实，戒奢以俭。中国是有现世与实务精神的国度，强调知行合一，践形尽性、经国济民，兼重文事武备，明理致用，反对空谈高调；又有尊重劳动的精神，倡导勤俭节约，力戒骄奢淫逸，鄙视不劳而获。

综上所述，中国传统文化精神的特质是：和而不同，厚德载物；刚健自强，生生不息；仁义至上，人格独立；民为邦本，本固邦宁；整体把握，辩证思维；经世务实，戒奢以俭。以上六条可以成为中国梦的文化底蕴，即中华民族伟大复兴的历史文化基础。

二、中国文化精神内涵

从整体上看，中国文化的基本精神是以人文主义为内核的文化精神，有以下几个基本方面：

1. 自强不息
正是这种精神鼓舞着中华民族不断进步，巍然屹立在世界民族之林。

2. 正道直行
这是中华民族坚持真理、追求真理、崇尚气节的精神源泉。

3. 贵和持中
"行中庸"，做事不走极端；"和为贵"，不尚争斗。但这有抑制竞争的弊端。

4. 民为邦本
虽然重民的实质是作为肯定君主专制主义的补充而存在的，但我们不能否认它提醒着统治者要把民心向背当成政治统治的重要指标。

5. 平均平等
虽然我们历史上从没有出现过真正意义上的平均、平等，但作为一种思想，它深植在中国人的心中。绝对平均主义在中国社会有深厚的思想基础。

6. 求是务实
中国人立身行事讲究脚踏实地，鄙视华而不实的作风。

7. 豁达乐观
"知足常乐""安贫乐道""车到山前必有路""天无绝人之路"等观念使中国人乐于守成，但有时会造成自我满足、不思进取的心态。

8. 以道制欲
中国人的行为以"道"为准则，情不驳道、欲不逾道，这已成为全社会的共同人生态度。

总的来说，教师要掌握比较丰富的文化知识，并在此基础上有选择地对不同的学生采用不同的教学材料和教学方法。要培养学生完成跨文化交际的能力，教师自己就要对跨文化交际有清楚的认识。在语言教学中，把语言体系本身蕴含的反映民族文化特色的民俗语义教给学生至关重要，这样就能在跨文化交际中减少信息差，增进互相理解，才算真正掌握了一门外语。外语教学不能脱离文化的教学，否则所学的外语将永远达不到"自在"的彼岸。训练学生跨文化交际能力是为了避免他们在交际中出现障碍，因此要培养他们的两种能力：一要能发现进行中交际的不全面成功；二要能发现交际故障存在并知道采取怎样的补救措施。但语言教学不是文化教学，更不是文化宣传，对此我们要有清醒的认识。在文化教学中，既要克服虚无主义，也要克服沙文主义；要客观、公正地评价各种文化现象，以理服人；要在介绍灿烂伟大的中华优秀传统文化同时，尊重其他文化。

参考文献

[1]刘荣.对外汉语教学论丛：第3辑[M].成都：四川大学出版社，2016.

[2]蔡永强.对外汉语学习词典学[M].上海：学林出版社，2016.

[3]刘东青.对外汉语教材开发与研究纵览[M].北京：华语教学出版社，2016.

[4]周新玲.词语搭配研究与对外汉语教学[M].上海：上海大学出版社，2016.

[5]李泉.对外汉语教学思考集[M].北京：北京语言大学出版社，2017.

[6]周小兵.对外汉语教学入门[M]第3版.广州：中山大学出版社，2017.

[7]张颖，赵艳梅，雷敏.现代汉语量词研究与对外汉语教学[M].成都：四川大学出版社，2017.

[8]吕必松.对外汉语教学发展史[M].北京：北京语言大学出版社，2017.

[9]陈晓宁.立足于对外汉语教学的类推研究[M].北京：科学技术文献出版社，2017.

[10]王笑艳.新时期对外汉语教学法专题研究[M].北京：九州出版社，2017.

[11]王丹.对外汉语课堂学生自主话语及师生互动研究[M].成都：四川大学出版社，2017.

[12]李岚，李逸.对外汉语实用教程[M].武汉：华中科技大学出版社，2018.

[13]娄秀荣.对外汉语词汇教程[M].延吉：延边大学出版社，2018.

[14]宋雨涵.对外汉语教学理论研究[M].北京：北京工业大学出版社，2018.

[15]曾常红.面向对外汉语的数词研究[M].长沙：湖南师范大学出版社，2018.

[16]李洁.对外汉语教学理论与实践[M].北京：北京工业大学出版社，2018.

[17]贺佳.对外汉语教学理论研究[M].北京：北京工业大学出版社，2018.

[18]毕彦华.对外汉语教学理论与实践[M].北京：北京工业大学出版社，2018.

[19]屠爱萍.对外汉语句子构件教与学[M].延吉：延边大学出版社，2018.

[20]马莹.对外汉语教学创新研究[M].哈尔滨：哈尔滨工业大学出版社，2019.

[21]李云霞.对外汉语口语课堂话语互动研究[M].长春：吉林大学出版社，2019.

[22]乐守红.中国传统文化传播与对外汉语教学[M].长春：吉林人民出版社，2019.

[23]赵金铭.对外汉语教学概论：修订本[M].北京：商务印书馆，2019.

[24]邱睿.电视节目与对外汉语教学研究[M].杭州：浙江大学出版社，2019.

[25]刘文燕.中国高校对外汉语教师教学评价模式研究[M].银川：宁夏人民出版社，2019.

[26]张艳华.对外汉语教学法[M].北京：高等教育出版社，2019.

[27]祝东.对外汉语泛读教程[M].成都：四川大学出版社，2020.

[28]祝志春，康建军，苗林.优秀传统文化传承与对外汉语教学[M].长春：吉林出版集团股份有限公司，2020.

[29]胡晓晏.基于跨文化适应性的对外汉语教学研究[M].长春：吉林人民出版社，2020.

[30]王惠莲.对外汉语教学方法与教学模式的创新实践[M].长春：东北师范大学出版社，2020.

[31]程翠翠，赵昭.融入现代教育技术的对外汉语教学研究[M].北京：九州出版社，2020.

[32]董皓，许延浪.对外汉语速成培训教材：快乐中国行[M].北京：中国石化出版社，2021.